U0664456

林业碳汇法律问题研究

邹丽梅　著

中囯林業出版社
China Forestry Publishing House

图书在版编目（CIP）数据

林业碳汇法律问题研究 / 邹丽梅著. -- 北京 ：中
国林业出版社，2024.6. -- ISBN 978-7-5219-2782-5

Ⅰ. D922.634；D922.684

中国国家版本馆 CIP 数据核字第 202448HF70 号

责任编辑：刘香瑞

出版发行　　中国林业出版社
　　　　　　（100009，北京市西城区刘海胡同 7 号，电话 010-83143545）
电子邮箱　　36132881@ qq. com
网　　址　　https：//www. cfph. net
印　　刷　　北京中科印刷有限公司
版　　次　　2024 年 6 月第 1 版
印　　次　　2024 年 6 月第 1 次印刷
开　　本　　710 mm×1000 mm　1/16
印　　张　　12. 25
字　　数　　202 千字
定　　价　　80. 00 元

前　　言

　　森林是陆地生态系统最大的碳库。中共中央、国务院《关于完整准确全面贯彻新发展理念做好碳达峰碳中和工作的意见》提出，到 2030 年，森林覆盖率达到 25%左右。林业碳汇项目发展是目前国内应对气候变化和减排压力的一种有效方式，也是党和国家实现生态文明体制改革的内容之一。林业碳汇从林业的生态服务价值功能角度出发，产生"不可见"产品的生态价值，这种新型的法益看重实现林业生态、经济和社会效益的共赢，具有被保护和利用的需求。本书内容属于国家实现"双碳"目标的主题范畴，可为我国的林业建设和生态环境保护提供理论基础和实践依据。

　　本书从法律视角分析并探讨了林业碳汇领域中存在的法律问题。首先介绍了林业碳汇的基本理论，涵盖了其概念、属性和法律关系，以及林权的基本问题。接着，本书深入分析了几个主要问题，包括：基于林业碳汇的林权利益；林业碳汇交易；通过认购林业碳汇替代履行生态环境修复；林业碳汇预期收益权质押；林业碳汇生态功能损害的赔偿问题；等等。这些内容不仅回应了法学界对林业碳汇的理解和应对策略，还旨在规范林业碳汇的法律体制，促进林业碳汇交易，保护林业碳汇交易权利主体的利益，畅通救济途径，从而支持林业碳汇项目的发展，助力"双碳"目标的实现。

　　本书是在黑龙江省哲学社会科学研究规划项目"森林碳汇视角下新型林权法律制度构建研究"（22FXB096）、黑龙江省教育科学规划 2023 年度重点课题"双碳目标实现进程中高校生态法治教育应对研究"（GJB1423499）、2023 年度黑龙江省经济社会发展重点研究课题"双碳目标下黑龙江省森林碳汇交易立法研究"（23331）、中央高校基本科研业务费专项资金项目"'认购林业碳汇'替代履行生态环境修复责任研究"（2572022DE09）的支持下完成的。

　　在本书的写作过程中，参考了一些现有研究成果及相关资料，研究生任玲羽同学参与第五章撰写，撰写字数为 1 万字，对此表示衷心的感谢。

　　由于时间紧迫且个人水平有限，书中的一些观点和内容可能存在争议，因此，不可避免地会有疏漏和不足之处。恳请读者提出批评与指正，并不吝赐教。

著　者

2023 年 12 月

目　　录

第一章
林业碳汇基本理论概述

2020 年 9 月 22 日，习近平主席在第七十五届联合国大会一般性辩论上发表重要讲话时宣布，中国将提高国家自主贡献力度，采取更加有力的政策和措施，二氧化碳排放力争于 2030 年前达到峰值，努力争取 2060 年前实现碳中和。碳中和是指企业、团体或个人测算在一定时间内直接或间接产生的温室气体排放总量，通过植树造林、节能减排等形式，抵消自身产生的二氧化碳排放量，实现二氧化碳"零排放"。党的十九届五中全会明确提出，到 2035 年基本实现社会主义现代化远景目标，其中指出"碳排放达峰后稳中有降，生态环境根本好转，美丽中国建设目标基本实现"。2020 年 12 月 16 日至 18 日举行的中央经济工作会议也要求做好碳达峰、碳中和工作，要抓紧制定 2030 年前碳排放达峰行动方案。相对于其他工业减排而言，林业碳汇在精准扶贫、改善生态环境、维护国家生态安全等方面具有无可比拟的生态利益优势，而且还涉及众多普通林农的切身利益，不仅能实现经济效益，也有助于应对和适应气候变化，提高林农收入，是一种具有多重功效的绿色减排方式。

第一节　林业碳汇介绍

一、林业碳汇的概念

"碳汇"一词最早源于 1997 年《联合国气候变化框架公约》缔约国签署

的《京都议定书》，该文件明确指出林业碳汇方式可以用来抵消附件Ⅰ国家的排放量。随后，《波恩政治协议》、《马拉喀什协定》、《巴厘路线图》、《哥本哈根协议》以及 2013 年的华沙会议等一系列国际会议和文件进一步肯定了林业碳汇的重要性，并扩展了《京都议定书》中清洁发展机制(Clean Development Mechanism，CDM)的适用范围。这些文件提出了建立 REDD+ 机制(指发展中国家通过减少砍伐森林和减缓森林退化而降低温室气体排放以增加碳汇)，使林业碳汇的活动范围从单一化走向多元化。2015 年，《巴黎协定》通过了具有法律约束力的全球气候变化新协议，要求各国从 2020 年起保护和增强森林碳库与碳汇，为全球绿色低碳发展开启了新纪元。在国内，2016 年 5 月，国家林业局办公室发布了《林业应对气候变化"十三五"行动要点》，提出积极探索推进各类林业增汇减排项目试点，鼓励通过中国核证自愿减排量机制开展林业碳汇项目交易。

在理论界，对碳汇概念的讨论主要集中为两种观点：第一种观点认为林业碳汇是森林吸收和储存碳的能力，把森林视为碳汇产生的源头。第二种观点则在碳汇的形成过程中区分森林的作用，认为森林在释放氧气时是作为源头，但在吸收二氧化碳时是作为"汇"存在的(赵亚骏等，2011)，这种观点明确区分了森林与碳汇的关系。根据《联合国气候变化框架公约》的定义，碳汇是指从大气中清除二氧化碳的过程、活动或机制。因此，林业碳汇即指通过森林保护、湿地管理、荒漠化治理、造林和更新造林、森林经营管理、采伐林产品管理等林业经营活动，稳定和增加碳汇的过程或活动(刘珉等，2022)。

林业碳汇具有森林所发挥出的碳汇与碳源的双重特征。其中，碳汇特征主要体现在森林植物通过光合作用吸收二氧化碳、释放氧气；而碳源特征主要体现在森林植物通过呼吸作用吸收氧气、释放二氧化碳，以及森林植被在腐败、燃烧、降解等过程中释放大量的二氧化碳。林业碳汇的双重性容易受到人类活动、森林植被的树种结构和生长阶段等因素的影响，因此，要想充分发挥出森林的碳汇效用，就必须对森林进行科学合理的管理。森林在不同的生长阶段会呈现出不同的固碳能力。比如，当森林处于幼林阶段时，生长比较缓慢，这一阶段森林碳汇的增长也会比较缓慢；当森林处于中、近熟林阶段时，其生长速度会加快，这一阶段森林的固碳能力会有很大的提升，森林碳汇的增长也会相应加快；而当森林处于成熟、过熟林阶段时，森林的生长速度会逐渐变慢，其碳汇增长速度则趋于零，但这一时期森林碳储量却趋于最大值。此外，森林中不同树种的固碳能力也有所不同，气候条件和地理位置等也会对森林的固碳能力产生一定的影响，因此森林碳汇在空间和时间两个维度上都具有一定的波动性。

二、林业碳汇的属性

碳汇作为森林等生态系统提供的重要生态产品之一，凝结着一般的、无差别的人类抽象劳动价值，其经济学属性主要体现在以下几个方面：

(一) 稀缺性

在现实中，随着人类活动导致的温室气体排放不断增加，温室效应导致的气候变化对生态系统和人类社会造成重大影响。因此，国际社会开始关注减少温室气体排放、增加吸收和存储碳的能力以应对气候变化。在这种背景下，林业碳汇作为一种可以吸收和存储大量碳的自然系统变得非常重要。林业碳汇指的是通过植被和土壤吸收和存储大量二氧化碳，从而减少大气中的温室气体浓度。林业碳汇可以通过树木的光合作用将二氧化碳转化为有机质，并将一部分碳长期储存在生物质和土壤中。林业碳汇对整个社会的不同个体和经济生产体系提供的是一种无形的重要服务。林业碳汇的形成受到诸多外部因素的影响，如气候、土壤、水资源、林地的大小等，林木的生长具有一定的局限，因此林业碳汇的供给也存在极限值，相对于人们的排放需求，林业碳汇的供给是有限和稀缺的。林业碳汇的计量和监测比较复杂，需要采用许多技术手段进行测量和估算，存在一定的不确定性。林业碳汇的转化速度较慢，需要长时间的生长和积累才能达到较高水平，限制了其供给的速度；林业碳汇的管理和保护需要投入大量的人力、物力和财力，增加了利用林业碳汇的成本。由于林业碳汇的稀缺性，市场上形成了对其产权的需求和供给。持有林业碳汇产权的机构或个人可以将其出售或出租给需要的企业或个人，从而获得经济利益。这种交易可以通过碳交易市场等平台进行。在碳汇市场中，稀缺性促使市场参与者更加珍惜和有效利用林业碳汇资源。

(二)非竞争性到竞争性

对温室气体排放进行总量控制前,林业碳汇具有非竞争性,这时温室气体是一种自然存在的环境容量资源,其产生不需要支付成本。然而,一旦温室气体浓度达到一定水平,林业碳汇的非竞争性就会发生变化。此时,林业碳汇的供给量可能无法满足需求,从而导致碳汇的稀缺性和价值增加。随着温室气体排放量的增加,人们将需要支付成本来获取和保护林业碳汇,以弥补其生态服务对于减缓气候变化的重要性。在总量控制政策下,一个主体对排放空间的使用会直接导致其他主体可以利用的空间减少。不同主体为了追求自身利益最大化,在进行排放时会展开竞争,希望获得更多的排放空间。因此,总量控制的管理措施在一定程度上降低了温室气体排放空间的非竞争性。

(三)非排他性到排他性

随着对气候变化的关注逐渐增强,国际社会对温室气体排放的管控也在不断进步。为了减少温室气体的排放,控制全球气温上升,国际社会开始引入减排机制和碳市场等各种措施。在这样的背景下,林业碳汇被认为是一种减排途径,可以通过植树造林和森林管理等措施吸收大量的二氧化碳,减少大气中的温室气体浓度。为了确保这一减排效果的真实性和可靠性,国际社会开始建立起一系列的减排标准和认证机制。在使用林业碳汇减排量时,需要遵循认证机构的规则和标准,在没有明确使用规则前,林业碳汇是非排他性的。一般情况下,不禁止或限制排放者向大气中排放温室气体,更没有向使用这一空间的人们收费。当人为规定温室气体排放空间的使用规则后,其非排他性特点发生变化。这种变化在某种程度上使温室气体排放空间类似于普通商品,需要付费才能使用。配额管理机制的设立也可以促使排放者更加节约地使用排放空间,以避免超额排放温室气体。这种排放空间的使用费用可以作为一种经济手段来调控温室气体排放,激励排放者减少排放量。这样的举措可以促进环境保护,应对气候变化。因此,温室气体排放空间的使用与普通商品相比,具有一定的特殊性,需要经过规划和管理来实现有效的利用。

林业碳汇在人为管理机制推出前具有明显的纯公共产品属性,具有非竞争性和非排他性,使提供者无法依据边际成本定价原则获得所期望的利润。由于其纯公共产品属性,传统市场机制无法很好地解决资源配置的问题。因此,有必要推出人为管理机制。通过人为管理机制,可以确定不同的利益边界,为各方提供明确的权益保障。这有助于解决林业碳汇中存在的搭便车问题,使得资源的配置能够更加有效和公平。

(四)外部性

在林业碳汇项目实施过程中,外部性是影响产权界定的重要因素之一。从森林的碳汇功能角度看,林业碳汇的生产随林业项目的实施完成。林业碳汇的外部性也在这一过程中得到体现。具体表现为,在项目实施过程中,林木通过光合作用吸收二氧化碳,降低了空气中的温室气体浓度,腾出了相应的温室气体排放空间。任何一个排放温室气体的企业或个人都可以从项目的这一功能中受益。

同时,在林业碳汇项目中,新建、恢复以及提高质量的森林还可以带来多种社会效益和生态效益。首先,森林保护生物多样性,成为各类动植物的栖息地和繁衍地,保护了珍稀濒危物种,维持了生态平衡。其次,森林能够保护和涵养水源,通过森林的拦截、滞留和调蓄作用,降低洪峰流量,减少水土流失,维护水文循环的平衡。再次,森林能够起到防风固沙的作用,保护农田、城市和沿海地区不受风沙侵蚀,减少沙尘暴的发生频率和强度。此外,森林还有净化空气、改善环境及提高农民收入等效益。这些综合效益的正外部性与碳汇的外部性一样,往往难以在市场机制条件下得到适当的补偿。在市场经济中,资源和环境是公共品,具有非排他性和非竞争性的特点。因此,从经济角度来看,私人行为往往难以有效提供这些公共品。这意味着植被恢复、生态修复等行为的投入者难以通过市场机制获得与其投入相匹配的回报。为了促进植被恢复、生态修复等环境保护措施的实施,政府可以通过制定相关政策和法规,提供经济激励和补贴,并加强执法和监测。同时,政府还可以加强环境教育和公众参与,提高人们的环境保护意识。此外,政府还应加强与科研机构的合作,推动科技创新,开展相关研究,为环境保护提供科学依据和技术支持。最后,政府应加强与其他国家和国际组织的合作，共同应对全球环境问题，推动国际环境治理。

三、林业碳汇与相关概念的区别

（一）与森林碳汇的区别

森林碳汇是指森林通过植物吸收二氧化碳并将其固定在植被或土壤中，从而降低大气中二氧化碳浓度的过程。森林碳汇主要涉及生态系统中能量和信息的自然流动。相比之下，林业碳汇涵盖了通过造林再造林和森林管理，以及减少森林破坏等活动来吸收二氧化碳，并包括碳汇交易的全过程。从概念上分析，森林碳汇主要关注二氧化碳的吸收过程，而林业碳汇则覆盖了从造林、林业经营到碳汇交易的整个流程。就属性来说，森林碳汇专指生态系统的能量流动过程，纯属自然属性，而林业碳汇则包括了诸如碳汇交易在内的经济社会属性（李怒云，2007）。从作用范围上讲，森林碳汇覆盖整个森林系统，林业碳汇则仅来源于造林和再造林项目的树木。在可交易性方面，不是所有的森林碳汇都可以进行市场交易，只有在所有权明确并符合市场规则的情况下，清晰定义的商品才能进行交易。无论是森林碳汇还是林业碳汇，都源自森林生态系统的碳储存功能。但森林生态效益具有显著的外部性，因此需借助精确的计量方法学加以量化。只有经过严格的设计、审定、计量和核证程序，才能确定碳汇的所有权。一旦所有权明确，便可进入市场按市场规则进行交易（陈英，2011）。综上，森林碳汇一般从森林的自然属性出发，强调其作为林木在生态体系中的价值，而林业碳汇不仅包含生态价值，还强调政策管理在森林碳汇中的作用，扩充了森林碳汇的内容，有一定社会属性，内容比森林碳汇更广。在实践中，二者有时会通用，但强调社会属性时常用林业碳汇。

（二）与碳汇林业和碳汇造林的区别

与林业碳汇相关的概念还包括碳汇林业和碳汇造林。碳汇林业强调为发挥森林碳汇功能、应对气候变化所进行的林业活动，一般包括：提高森林生态系统稳定性、适应性，推进生物多样性和生态保护的林业活动；推动生态服务市场发展的活动；与国际市场对接并适用于中国市场的森林碳汇技术体系；增强公众环保意识、保护森林、维护森林碳汇的公益活动；等等。

碳汇造林是以林学专业技术为基础，为实现森林碳汇功能的增强而进行的特殊造林活动。其造林活动与普通造林有不同之处，更加强调如何突出森林的碳汇作用，更加强调碳汇如何进行计量及固碳、交易等功能的实现，进而在造林上进行支持。

森林碳储量与森林碳汇量并不相同，而这两个概念常被误用，导致混淆。具体来说，森林碳储量是指在某一特定时点，森林碳库中累积的总碳量，反映了碳的存量。而森林碳汇量则指在某一确定时期内，森林碳库中碳储量的增减变化量(王国胜，2021)。两者虽然相关，但各自的含义有所不同，涵盖的范围和计量的维度也存在差异。

第二节 林业碳汇项目

林业碳汇项目是根据有关减排机制的林业项目方法学和程序，开发的合格的温室气体项目(郑芊卉，2019)。通过这些项目，林业碳汇为全球的碳减排贡献了巨大的力量，不仅对环境保护有利，同时也对经济社会的可持续发展产生了积极的影响。

一、京都规则项目和非京都规则项目

根据项目依据和来源的差异，可以把林业碳汇项目分为京都规则项目和非京都规则项目。

(一)京都规则林业碳汇项目

京都规则项目直接对应《京都议定书》。该议定书是为《联合国气候变化框架公约》制定的一项计划，并由《联合国气候变化框架公约》的各缔约方通过。在京都规则项目中，发达国家必须完成一定的减排目标，同时，可以通过投资发展中国家的减排项目来获得碳排放权，即完成部分减排目标。这类项目主要有清洁发展机制(Clean Development Mechanism，CDM)、合作实施(JI)和排放交易(ET)三种类型的机制。但我国并不参与发达国家之间就碳减排项目的合作机制，因此本书只介绍 CDM 机制。京都规则林业碳汇项目是发达国家通过投入资金和技术的方式，在发展中国家依照京都规则开展造林再造林项目合作，并将造林再造林项目所产生的经核证减排量，用以履行《京都议定书》承诺。清洁发展机制开启了我国碳交易的序幕。在清洁发展机制下，发展中国家减排项目[单边项目(包括申报时未确定国外买方的项目)和合作项目]获得的核证减排量(Certified Emission Reduction，"CER")信用额，可以被发达国家缔约方用于实现在《京都议定书》中所承诺的限排或减排目标。首先，京都规则林业碳汇碳减排总量具有有限性。发展中国家认为，森林固碳的潜力很大，并且成本较低，如果不对林业碳汇的碳减排总量加以限制，那么发达国家可能不采取其他实质性减排的行动即可完成《京都议定书》的减排承诺，因此需对减排量设定上限。其次，项目范围具有特定性。应对气候变化的林业碳汇活动不仅仅局限于造林，还包括了减少毁林和森林退化、森林管理等 REDD+活动。再次，项目规则具有严格性。与其他类型项目相比，林业碳汇自身存在许多技术性问题，包括项目基准线的确定、项目固碳量的计量与核查、项目特有的非持久性、项目对环境的影响等，因此对项目的设计、审定、登记、审批、监测、核证和交易等环节进行了严格的程序法层面和实体法层面的规制。清洁发展机制的谈判代表也正在考虑在未来将造林再造林以外的其他林业活动与造林项目，如减少森林砍伐和森林退化所致排放量(Reducing Emissions from Deforestation and Forest Degradation，REDD)项目，一同纳入该机制的可能性。

(二)非京都规则林业碳汇项目

非京都规则林业碳汇项目一般指自愿减排市场的项目。这类项目通常是指那些并非直接受制于《京都议定书》的项目。这类项目通常关注的是如何通过其他方式进行气候变化减缓和适应，可能包括一些为灾害管理、生态保护和社区发展等项目提供资金支持的项目。这类项目的资金来源可能是公共部门，也可能是私营部门，包括碳市场的自愿购买者，由项目开展的主体自行审批和核证。当然，非京都规则林业碳汇项目也包括了按照京都规则的要求实施，但未能获得清洁发展机制执行理事会登记的造林再造林项目(王璐等，2012)。目前，我国的非京都规则林业碳汇项目主要有两种类型：一是中国绿色碳汇基金会支持开展的碳汇造林项目；二是其他林业碳汇项目，包括各地与外国政府及国内外企业、组织、团体等合作开展的不属于清洁发展机制项目的林业碳汇项目。非京都规则具有以下特点：①形式丰富。在项目形式上，除了造林再造林项目外，还包括了 REDD 项目。其中，REDD+项目包括减少毁林和森林退化、森林保护和森林可持续管理等众多子项目。②主体具有广泛性。非京都规则林业碳汇的买方主要有企业、政府部门、非营利组织、国际组织和个人。参与主体的广泛性极大地推动了非京都规则林业碳汇项目的发展。③标准多样，易于实施。非京都规则林业碳汇项目的市场准入标准类型多样，要求相对宽松，从而便于实施。

二、造林再造林项目和 REDD+项目

根据林业碳汇原理的不同，可把林业碳汇项目分为造林再造林项目和 REDD+项目。

(一) 造林再造林项目

林学意义上的"造林"是指在无林地上建立新林的生产过程；"再造林"是指在原本有森林覆盖，但由于自然或人为因素而遭到破坏的立地上造林。传统意义上的造林再造林活动的成本可以通过出售林木产品等方式得到回收，而应对气候变化的造林再造林项目的成本主要通过出售碳信用来实现，但是，碳信用必须是真实的、可核证的、可报告的。

(二) REDD+项目

2005 年的《联合国气候变化框架公约》第十一次缔约方大会上，巴布亚新几内亚和哥斯达黎加等国首次提出了有关 RED 机制的提案——"减少发展中国家毁林所致排放：激励行动方针"。随着相关谈判的深入，RED 被逐渐扩展为 REDD 机制，最终在哥本哈根气候大会上被确定为现行的 REDD+机制。事实上，REDD+活动受到国际社会广泛关注的主要原因是其与大气温室气体浓度之间的密切联系。一方面，森林通过其碳汇功能可

以吸收并固定二氧化碳，有效减少大气中的碳含量；另一方面，砍伐森林、森林退化以及不当的森林管理会导致温室气体排放，增加大气中温室气体的浓度。REDD+的核心内容是减少排放与增加碳汇，旨在减少由于砍伐和森林退化导致的碳排放，并通过森林保护、可持续管理和增加森林碳储量的措施来吸存大气中的碳，即 REDD+中的"+"包括封存或除去大气中的碳的活动。

三、国际市场项目和国内市场项目

(一)国际市场项目

1. 清洁发展机制(CDM)项目

CDM 是《京都议定书》下的清洁发展机制，是一种市场机制，旨在促使发达国家通过在发展中国家实施碳减排项目来满足自身减排义务。该机制核心在于允许发达国家与发展中国家之间进行项目级的减排量抵消额的转让与获得。CDM 主要包括两类项目：减少温室气体排放的项目和增加碳汇(即增加温室气体吸收)的项目。减少温室气体排放的项目主要集中在通过改进技术和管理方法来减少在生产、运输和能源使用过程中产生的温室气体排放。增加碳汇的项目是通过林业和土地使用改变来增加二氧化碳的吸收或储存。森林碳汇项目可以成为 CDM 项目的一部分，通过森林管理、植树造林等活动增加碳存储或避免碳排放。全球首个 CDM 项目于 2004 年 11 月注册。2005 年，中国正式参与 CDM 市场。截至 2021 年 4 月，中国有 5 个森林碳汇项目通过 CDM 机制获得了碳信用(表 1-1)。

表 1-1　中国注册备案林业碳汇 CDM 项目情况

项目名称		项目类型	备案日期	计入期 (年)	造林面积 (公顷)	截至 2030 年 预计减排量 (千吨 CO_2e *)
广西珠江流域再造林项目	广西	再造林	2006/4/1	30	4000	638.87
四川西北部退化土地造林再造林项目	四川	再造林	2007/1/4	20	2251.8	552.85

---

* CO_2e 即二氧化碳当量，是一种用于比较不同温室气体排放的量度单位。

（续）

项目名称	项目类型	备案日期	计入期（年）	造林面积（公顷）	截至2030年预计减排量（千吨 CO_2e *）
广西西北部地区退化土地再造林项目	广西 再造林	2008/1/1	20	8671.3	200928
内蒙古和林格尔县盛乐国际生态示范区碳汇造林项目	内蒙古 造林	2011/7/20	30	2191.21	130.89
诺华川西南林业碳汇、社区和生物多样性项目	四川 造林	2011/8/1	30	4196.8	781.36

来源：联合国环境规划署

2. 国际自愿碳标准（VCS）项目

国际自愿碳标准（Vertified Carbon Standard，VCS）计划是目前全球使用最广泛的自愿性资源温室气体减排计划。VCS计划允许经过其认证的项目自愿减排量（Voluntary Emission Reductions，VERs）和清除量转化为可交易的碳信用额（Verified Carbon Unit，VCU）。1个VCU代表从大气中减少或清除1吨温室气体。VCS项目涵盖能源、制造过程、建筑、交通、废弃物、采矿、农业、林业、草原、湿地和畜牧业等诸多领域的碳减排项目形式。截至2022年7月，林业碳汇项目注册数量仅占VCS项目数量的10.4%，但VCS项目VCUs签发量近一半来自林业碳汇项目。在39个开发VCS林业碳汇项目的国家中，项目数量排名前5的国家分别是中国、巴西、哥伦比亚、秘鲁和肯尼亚，合计101个。总体来看，印度尼西亚VCUs签发量最高，但项目最少；而中国VCUs签发量最少，但项目最多。

3. GS项目

黄金标准（Gold Standard，GS）是国际自愿碳市场中经常采用的一种标准，由世界自然基金会和其他国际非政府组织于2003年联合发起，目的在于确保减排项目在环境完整性上达到最高标准并对可持续发展有所贡献（胡延杰等，2021）。黄金标准认证的项目领域广泛，包括废物管理、可再生能源、土地利用和基于自然的气候解决方案等。土地利用和基于自然的解决方案包含了碳汇项目。截至2021年6月，中国已通过黄金标准认证的碳汇项目包括内蒙古通辽造林项目、云南山地社区造林项目和广东北部山区退化土地造林项目(表 1-2)。然而，在我国通过黄金标准的项目中，碳汇项目所占比例较小，这或许与其认证成本息息相关。

表 1-2　GS 机制中注册备案的中国林业碳汇项目

GS ID	项目名称	计入期	总预计减排量（吨 CO_2e）
3343	Afforestation on Degraded Lands in Mountainous Areas of Northern Guangdong, China（广东北部山区退化土地造林）	2009/06/01—2039/05/31	340932.35
2466	Reforestation in Mountainous Communities of Yunnan（云南山地社区造林）	2017/01/01—2028/07/12	——
3031	Afforestation Project in Tongliao of Inner Mongolia（内蒙古通辽造林工程）	2014/04/11—2044/04/10	106604

资料来源：GS 官网

(二) 国内市场项目

1. CCER 项目

我国的林业碳汇交易项目主要通过全国碳排放权交易市场进行。国家核证自愿减排量(China Certified Emission Reductions, CCER)是我国的碳排放权交易机制，通过第三方认证，对企业的温室气体排放进行认证和交易。林业碳汇项目也可以参与 CCER 项目，通过碳交易在经济上获得补偿和奖励。目前国家发展改革委已备案的林业碳汇 CCER 涉及五类项目：碳汇造林项目、森林经营碳汇项目、竹子造林碳汇项目、竹林经营碳汇项目、可持续草地管理项目。2014 年 7 月 21 日，广东长隆碳汇造林项目通过国家发展改革委的审核，成功获得备案，是全国第一个可进入碳市场交易的中国林业温室气体自愿减排项目(唐玉凤等，2021)。2023 年，CCER 机制下林业碳汇交易量约 200 万吨，占比为 0.74%。

2. FFCER 和 PHCER 林业碳汇项目

随着我国碳市场不断完善，省级层面的林业减排量交易逐渐兴起。福建林业碳汇(FFCER)和广东碳普惠核证自愿减排量(PHCER)交易尤为活跃。2016 年，福建碳市场启动并将 FFCER 纳入主要交易标的。根据《福建省碳排放权抵消管理办法(试行)》，FFCER 关于林业碳汇项目产生的减排量在省内抵消比率能达到 10%，相比之下其他类型项目的抵消量只有 5%。

2017 年 4 月，广东省正式把 PHCER 作为补充机制引入当地碳市场，该省的林业碳汇项目主要涉及森林保护和经营，产生的减排量在原则上与省内 CCER 相等。PHCER 尤其值得关注，因为它被视为广东省精准扶贫新模式的实验，并在增加林农收入和缓解贫困方面发挥显著作用（高沁怡等，2021）。FFCER 和 PHCER 目前只能在各自的省级碳市场内交易，表现出明显的本地化特点。

第三节　林业碳汇法律关系

一、林业碳汇法律属性分析

林业碳汇资源原本仅是一种稀缺的具有公共属性的环境物品，在 CDM 下或者是自愿市场交易的需求下，进入京都市场或自愿市场，而转化为一种需要具备明确产权主体的财产。但林业碳汇的产权与森林的产权不同。森林是碳汇产生的基础，碳汇是森林资源提供的生态产品之一，与果实和森林景观一样，是森林资源为人类提供的产品和服务。因此，林业碳汇在法律属性上看，是森林资源的孳息物。孳息原义是指由土地产生的按期供给人们或牲畜食用的食物，如水稻、谷子等。后来，随着法学和社会经济的发展与繁荣，孳息的含义日渐扩大，还包括依原物的用途而按期产生的各种收益，包括植物的果实，动物的产出等。发展至今，孳息的范围又一次被扩大，包括了我们所说的基于森林资源和人类劳动而产生的林业碳汇，属于法律上的天然孳息。当然这种孳息必须按照一定的规则和要求、通过人为措施产生增量，才能被认为具备"额外性"而符合林业碳汇交易的条件，成为森林资源的孳息（邹丽梅等，2012）。

判断林业碳汇所有权的归属，要按照法律规定关于孳息的归属确定。《民法典》规定："天然孳息，由所有权人取得；既有所有权人又有用益物权人的，由用益物权人取得。当事人另有约定的，按照其约定。"因而，我们认为：

首先，林业碳汇作为一种天然孳息，应该属于森林资源权利人，是森林资源所有权权利人所拥有的一项具体权利。根据《森林法》第十四条和第二十一条，我国实行森林资源国家所有与集体所有相结合的制度。但需特别注意的是，林业碳汇作为森林生态系统提供的碳汇服务功能，本质上属于生态产品权益范畴，我国现行《森林法》仅规范了森林资源（包括林木、林地、森林景观等）的物权归属，未对碳汇权益作出直接规定，林业碳汇相关权益的确认和行使，应依据《碳排放权交易管理办法（试行）》等生态环境领域专门法规，以及国家关于生态补偿、碳汇交易的政策文件确定。理论上有学者认为森林碳汇属于森林资源的孳息，首先归属于森林的所有权人。

其次，用益物权是指权利人对他人所有的物享有以使用收益为目的的物权。对应森林资源，主要是指个人或企业承包国家或集体所有的森林资源的情况下，即国家或集体在法律规定的情形下或者在与承包人达成协商一致的前提下，将其占有、使用、收益的森林资源的权能转让给经营或种植林木的个人或企业，这些个人或企业基于承包经营权而获得林木的用益物权，他们依这种用益物权取得林木的天然孳息——林业碳汇的所有权。

最后，当事人还可以特别约定天然孳息的归属，依约定而取得林业碳汇的占有、使用、转让、收益和处置权，进而成为林业碳汇的权利人。

二、林业碳汇法律关系分类

（一）民事法律关系

林业碳汇交易是在国际社会共同努力下形成的森林生态效益市场化的方式，是通过市场机制达到的生态效益补偿，是发生在平等主体之间的财产交换关系，由卖方承担保证交付约定质量和数量的可供计算的碳汇，买方支付价款，更多地体现了当事人之间订立自由、地位平等、等价有偿、遵循意思自治的原则。因此，林业碳汇交易是民事法律关系。

首先，林业碳汇交易主体可以根据自己的意志决定是否进行交易，在交易中，双方当事人可以就交易的质量、履行期限、风险负担、违约责任等条款进行协商，交易的一方、行政机关或其他机构不得将交易强加给交易的另一方。虽然林业主管部门在合同中处于特殊的管理者地位，但他们并非合同的当事人。因此，从主体上看，林业碳汇交易是一种民事法律关系。

其次，林业碳汇交易的双方当事人订立合同的目的是实现各自的利益。尽管林业碳汇交易被认为是目前应对气候变化最经济、最现实的手段，实现了生态效益补偿，但从当事人的角度讲，由《京都议定书》规定的购买碳信用额度的市场主体(公司、政府、非政府组织、个人)或者非自愿市场主体是从自身的利益出发自主决定买卖碳汇的，是一种私人行为。

(二)行政法律关系

根据2006年国家林业局碳汇管理办公室发布的《关于开展清洁发展机制下造林再造林碳汇项目的指导意见》，林业碳汇交易项目要采取符合国家要求的项目实施形式，这是行政指导行为；林业碳汇项目的实施需要合作双方国家政府部门的认可和保证，即对项目所涉及的可交易的碳汇额度和交易价格，需要获得国家气候变化主管部门的批准，这是行政许可行为；各省(区、市)作为项目参与方可以与发达国家企业及有关国际组织进行意向性探讨，但无权就项目实施形式、碳汇交易量、交易价格等做出最终决定，这是行政确认行为。各地开展CDM造林再造林碳汇项目合作时，包括国家林业碳汇项目活动运行规则和程序的确定、项目的审核批准，以及邀请经公约缔约方大会指定的独立经营实体对林业碳汇项目进行合格性认定和减排量核实、证明等，应将有关情况及时汇报碳汇管理相关部门审定或备案。碳汇交易的主体是指有资格进行碳汇买卖的企业，必须是定期在环保部门登记备案的企业。这是国家为了保障林业碳汇项目的顺利运转而进行的行政管理和监督，属于行政法律关系。

(三)刑事法律关系

我国《刑法》第二百二十四条规定了合同诈骗罪，即以非法占有为目的，在签订、履行合同过程中，骗取对方当事人财物。林业碳汇交易合同诈骗属于刑事法律关系，侵害了市场交易秩序和竞争秩序。同时，在林业碳汇交易履行过程中，如果有盗伐、滥伐林木现象，也可能构成刑事法律责任。

(四)经济法律关系

在项目实施过程中,国家与项目实施主体之间的利益分配也要受到国家行政部门的调控,形成经济法律关系。林业碳汇交易,至今运行的不冷不热,固然有其技术上的难题,但主要是由于企业并不承担减排义务,不是必须购买林业碳汇,所以,考虑森林生态效益补偿的作用和其具有的社会公益效应,如果政策能将购买林业碳汇企业的税费种类和比例予以优惠、减免等照顾的话,企业考虑到其应承担的社会责任,加上将来要承担的减排任务,才会有购买林业碳汇的动力,才能促进林业碳汇自愿市场的发展。

三、林业碳汇交易的法律框架

(一)国际上林业碳汇交易法律框架

国际上陆续签署和生效了一系列规范林业碳汇交易的法律文件,我国也随之颁布了一些规范性文件,使林业碳汇交易的法律框架逐步建立起来。

1992 年,《联合国气候变化框架公约》生效,在第一条第八款明确了"汇"的定义,并在第三条和第四条确立了增加吸收汇,为后来造林再造林森林碳汇基本框架和机制的形成奠定了基础,也为发达国家和发展中国家在造林再造林森林碳汇项目上如何履行各自的责任提供了原则指导。

1997 年《京都议定书》明确了减排的法律效力,并为《联合国气候变化框架公约》附件Ⅰ国家规定了第一承诺期的减排指标。同时,《京都议定书》明确提出森林碳汇这种吸收碳汇的方式可以用来折抵附件Ⅰ国家的减排量,使森林碳汇议题进入了实质性谈判阶段,也使一项灵活履约机制——清洁发展机制(简称 CDM)被引入。京都规则的森林碳汇交易包括五个方面:第一,发达国家可以通过清洁发展机制下的造林再造林项目与发展中国家进行森林碳汇交易;第二,"造林"是指在 50 年以上的无林地进行造林,"再造林"是指在曾经为有林地、而后退化为无林地的地点进行造林,并且这些地点在 1989 年 12 月 31 日必须是无林地;第三,通过造林再造林项目所进行的森林碳汇交易的上限是发达国家基准年(1990 年)排放量的百分之一乘以五;第四,造林再造林项目要经过参与国政府和主管机构批准，同时由联合国清洁发展机制执行理事会注册；第五，项目产生的减排量需由联合国清洁发展机制执行理事会指定的审核机构进行监测和核证，最后由联合国清洁发展机制执行理事会批准才可进行真正的交易。

2001年通过的《波恩政治协议》和《马拉喀什协定》维护了《京都议定书》的基本框架，还在有关森林碳汇的减排规则上达成了共识。《波恩政治协议》指出了发达国家在第一承诺期履行减排义务的方式，并且只承认造林和再造林是清洁发展机制下唯一合格的森林碳汇项目（颜士鹏等，2014）。《马拉喀什协定》通过了《京都议定书》中清洁发展机制的程序和方式，明确指出森林碳汇减排遵循的基本规则。之后的第九次和第十次缔约方大会确立了极为严格复杂的造林再造林森林碳汇项目实施规则，大致包括项目设计、审定、登记、审批、核证与交易等事项，以及清洁发展机制下小规模造林再造林项目的简要模式和程序，使清洁发展机制下造林再造林项目的操作方法和步骤得以确立。

2007年，从《联合国气候变化框架公约》第十三次缔约方大会开始，第一承诺期到期后如何进一步减缓温室效应和应对气候变化成为谈判的重点。与此同时，森林碳汇的减排方式向森林可持续管理倾斜，包括加强森林保护和减少毁林等，在此基础上，形成了REDD（森林可持续管理等活动增加森林碳汇）相关机制，并在《巴厘岛行动计划》中被正式认可为减少温室气体排放的重要机制。森林保护和森林可持续管理等活动也能增加碳储量，这些活动得到了在哥本哈根举行的第十五次缔约方大会的认可，形成了REDD+（森林保护、森林可持续经营和森林碳储量增加）。REDD和REDD+是一个紧密结合的机制，它们对清洁发展机制下造林再造林森林碳汇机制的内容进行了补充，将热带雨林纳入了森林碳汇项目中。

2011年，德班气候大会（《联合国气候变化框架公约》第十七次辞约方大会）决定实施《京都议定书》第二承诺期，造林再造林、毁林、森林管理活动产生的碳源/碳汇变化情况必须强制纳入核算。2013年，华沙会议（《联合国气候变化框架公约》第十九次缔约方大会）暨《京都议定书》第九次缔约方会议通过了激励和支持发展中国家减少毁林及森林退化导致的排放、森林保育、森林可持续经营和增加碳储量行动议题（邹丽梅等，

2015）。

2015 年，《联合国气候变化框架公约》第二十一次缔约方大会在巴黎举行，会上各缔约国达成了具有里程碑意义的《巴黎协定》，旨在应对气候变化，加速采取行动，并增加投资，共同促进可持续和低碳的未来。该协定是基于《联合国气候变化框架公约》制订的，首次使得所有国家承诺致力于共同目标，敢于采取积极措施以应对气候变化及其影响，并扩大对发展中国家应对气候变化努力的支持。《巴黎协定》为全球气候活动划定了新路线（贾成业等，2020）。

2016 年 11 月 4 日，《巴黎协定》正式生效，各方代表一致同意将森林作为 2020 年后减缓气候变暖的重要手段，开启 2020 年后全球气候治理新格局。

2019 年 9 月 23 日，联合国气候行动峰会召开，全球政府、私营部门和民间社会的领导人汇聚一堂，推动多边进程，加大和加速气候行动。峰会专注于能够创造最大影响的气候行动领域，包括重工业、自然解决方案、城市发展、能源转型、灾害抵御能力和气候融资（贾朋群等，2019）。

在一系列的国际条约中，发达国家在发展中国家投资开展的造林再造林项目成为清洁发展机制唯一认可的森林碳汇项目（陈英，2012）。因此，森林碳汇交易是基于《联合国气候变化框架公约》及《京都议定书》对各国分配二氧化碳排放指标的规定，创设出来的一种虚拟交易，是通过市场机制实现森林生态价值补偿的一种方式。

（二）中国开展林业碳汇交易的政策体系

我国政府自 2006 年起相继出台了一系列与清洁发展机制下造林再造林碳汇相关的政策和行政条例。2006 年，国家林业局碳汇管理办公室发布《关于开展清洁发展机制下造林再造林碳汇项目的指导意见》，对造林再造林项目的申报程序、实施原则和基本形式等进行了说明。

2007 年，国家发展改革委气候办曾公开表示，当时中国的二氧化碳排放权基本上都是在清洁发展机制体系下完成的，而这一体系的最重要特点就是"捆绑销售"，也就是说，在项目运作之初，买方和卖方都必须是确定的，排放权只能在这两者之间转让。既然只能转让，不能交易，那么也就无需市场了。但在我国自愿承诺减排目标以后，我国气候变化政策有所转向，最早提出要建立碳排放交易制度的政策文件是 2010 年国务院发布的《关于加快培育和发展战略性新兴产业的决定》。

2008 年 12 月 31 日，中共中央、国务院《关于 2009 年促进农业稳定发展农民持续增收的若干意见》提出建设现代林业，发展山区林特产品、生态旅游业和碳汇林业。

2011 年，国家建立碳排放权交易制度的态度更加坚定。首先是《国民经济和社会发展第十二个五年规划纲要》明确提出"要建立完善温室气体排放统计核算制度，逐步建立碳排放交易市场"；其次，《"十二五"节能减排综合性工作方案》也指出"开展碳排放交易试点，建立自愿减排机制，推进碳排放权交易市场建设"；再次，《"十二五"控制温室气体排放工作方案》中也明确提出探索建立碳排放交易市场。之后的《气候变化绿皮书：应对气候变化报告（2011）》和《中国应对气候变化的政策与行动（2011）》也都指出，要逐步推进碳排放交易市场建设。综上可以看出，我国建立碳排放权交易制度已是大势所趋。我国专门性的碳排放权交易政策还有许多难题需要解决，其中既包括技术操作层面的，也包括制度设计方面的。在林业碳汇交易方面，国家正在为建立林业碳汇交易积极探索，国家林业局已陆续发布《关于开展清洁发展机制下造林再造林碳汇项目的指导意见》、《关于加强林业应对气候变化及碳汇管理工作的通知》、《碳汇造林技术规定（试行）》和《碳汇造林检查验收办法（试行）》，这些政策性文件为林业碳汇交易奠定了良好的前期基础。从目前我国建立碳排放权交易的现实条件看，在整个碳交易市场建设中，林业碳汇因操作成本低、效益好、易施行，或成整个碳交易市场的突破口，在相关政策支持下，2011 年，中国首批 14.8 万吨林业碳汇指标认购交易成功，可见基于林业碳汇的碳排放权交易制度应当是也必然是我国碳排放权交易制度的重要方面。2011 年 10 月，国家发展改革委发布《关于开展碳排放权交易试点工作的通知》，同意北京市、天津市、上海市、重庆市、湖北省、广东省及深圳市开展碳排放权交易试点（丁丽媛等，2023）。

2012 年，国家发展改革委相继印发《温室气体自愿减排交易管理暂行办法》和《温室气体自愿减排项目审定与核证指南》两份指导文件，拉开了国内 CCER 项目开发和注册的序幕，建立了 CCER 交易机制，明确了 CCER 项目工作流程，确定了 CCER 项目审定与核证机构的备案要求和工作程序。

2014 年 4 月 29 日，国家林业局印发《关于推进林业碳汇交易工作的指导意见》，并于当年 6 月 1 日起实施。该意见鼓励开展林业碳汇自愿交易；鼓励各地结合本地实际，积极探索碳排放权交易下的林业碳汇交易模式，提出林业碳汇交易价格对林业碳汇交易市场的重要性。

2018 年 1 月 2 日，中共中央、国务院发布《关于实施乡村振兴战略的意见》，其中包括健全地区间、流域上下游之间横向生态保护补偿机制，探索建立生态产品购买、森林碳汇等市场化补偿制度。同年 5 月，国家林业和草原局发布《关于进一步放活集体林业经营权的意见》，提出积极发展森林碳汇，探索推进森林碳汇进入碳交易市场（付均等，2018）。2018 年 12 月，国家发展改革委、财政部等七部门共同发布了《关于建立市场化、多元化生态保护补偿机制的行动计划》，提出建立健全以国家温室气体自愿减排交易机制为基础的碳排放权抵消机制，将具有生态、社会等多种效益的林业温室气体自愿减排项目优先纳入全国碳排放权交易市场，充分发挥碳市场在生态建设、恢复和保护中的补偿作用。引导碳交易履约企业和对口帮扶单位优先购买贫困地区林业碳汇项目产生的减排量。激励通过碳中和、碳普惠等形式支持林业碳汇发展。

2020 年 12 月，生态环境部发布《碳排放权交易管理办法（试行）》，规定重点排放单位每年可以使用国家核证自愿减排量抵销碳排放配额的清缴，抵销比例不得超过应清缴碳排放配额的 5%。用于抵销的国家核证自愿减排量，不得来自纳入全国碳排放权交易市场配额管理的减排项目。

2021 年 3 月，生态环境部发布的《碳排放权交易管理暂行条例（草案修改稿）》（征求意见稿）提出，国家鼓励企业、事业单位在我国境内实施可再生能源、林业碳汇、甲烷利用等项目，实现温室气体排放的替代、吸附或者减少。其中，林业碳汇被明确列为全国温室气体自愿核证减排量（CCER）的重要方向之一，具体包括森林（竹林）碳汇造林、森林（竹林）经营碳汇等方式。根据草案规定，重点排放单位可以购买经过核证并登记的温室气体削减排放量，用于抵销其一定比例的碳排放配额清缴，并明确1个单位碳排放配额相当于向大气排放1吨的二氧化碳当量（CO_2e）。这一机制为林业生态价值市场化提供了制度支持，并为全国碳市场重启后碳汇交易奠定了基础。

2021年4月，中共中央办公厅、国务院办公厅印发《关于建立健全生态产品价值实现机制的意见》，提出健全碳排放权交易机制，探索碳汇权益交易试点。

2023年，中央中央办公厅、国务院办公厅印发《深化集体林权制度改革方案》，明确支持符合条件的林业碳汇项目开发为温室气体自愿减排项目并参与市场交易，建立健全能够体现碳汇价值的生态保护补偿机制。

2023年2月，国家林草局生态司组织召开林业碳汇试点工作座谈会，落实中央关于"双碳"目标战略部署，着力巩固提升林草生态系统碳汇能力。

2024年1月5日，国务院第23次常务会议通过《碳排放权交易管理暂行条例》，明确了碳排放权交易市场的顶层设计，从全流程监管（数据监测、核查、交易、清缴）到多主体责任（企业、政府、服务机构）均作出系统性规定，为全国碳市场规范化运行提供了法律依据。该条例通过市场机制调控碳排放，有助于"双碳"目标的实现，有利于激励企业采用更多绿色低碳技术，减少碳排放成本，也有利于加强我国与国际碳市场的连接，提升中国在全球气候治理中的地位。

第二章

林业碳汇新型林权利益

第一节　林权概述

林业作为一种兼具经济价值和生态效益的独特产业，在促进林农增收、活化林业资源和优化生态环境方面发挥着重要作用。针对这些目标，我国实施了林权制度改革，并相继推出了多项林权改革政策和措施(刘涛，2013)。林权流转，作为改革的重点之一，引起了广泛的社会关注。然而，在实际操作中，林权流转遭遇了一些障碍，包括法律法规的不健全、流转程序的混乱以及相应配套制度的缺乏，这些都是林权改革亟待解决的关键问题。

一、林权的概念

关于林权的概念，学术界持有不同看法。一些学者从法律角度主张林权指的是法律关系中主体对森林、林木或林地的占有、使用、收益和处分权。这一定义混合了不同主体与其权能，未能做到主体和权能一一对应的明确性。另有学者认为林权是指非森林资源所有者根据法律规定获得的自主开发森林资源并获取收益的权利。这一定义限定了林权主体为非所有者，明显缩小了应视为林权主体的群体范围。林权主体不应只限于非所有者，也包括国家、集体，以及拥有林木所有权、林地承包经营权的个人等。各种观点都指向了林权复杂性的识别和林权主体的权益保障（盛婉玉，2007）。

林权是对森林、林木和林地的所有权与使用权，是指由各种经济团体和单位对森林、林木和林地的占有、使用、收益和处分权。林权之所以比其他财产权要复杂得多，是因为森林资源是由多个彼此独立却又互相依存的部分构成的整体，包括了森林、林木、林地以及依附它们生存的野生动物、植物甚至是微生物。在我国，树木是森林的主要组成部分，而林地则是树木赖以生存的根基，树木则体现出林地的价值。林权是一种独立的权利，其特点是：

第一，林权的权利主体广泛，权利对象复杂，权利内容多种多样。林权是一种用益物权，法律上支持各种主体可以通过承包、租赁、转让、拍卖、协商、划拨等手段让森林、林木和林地合法流转，所以，林权主体的范畴非常宽泛。林权的对象包括森林、林木和林地等森林资源，由于这些对象可以共生共存，又可以单独分开，所以林权的对象具有复杂性。林权的内涵包括：采伐利用权，采摘果实和油脂等的林下资源的采集利用权，开发森林景观的权利，培育新物种的权利，等等，所以林权的内涵很丰富。

第二，林权是资源性权利。林权包括了不拥有所有权的人通过对资源的使用和管理而获得一定利益的一种权益。所以，林权是一种私人的财产权，在进行林权的制度设计时，一定要保证林权人的权益能够得到充分的保护。比如，应明确赋予林权人对林下产品合理采集的权利，允许其适度利用景观资源开展生态旅游等经营活动，并通过建立生态补偿机制、完善侵权责任制度等方式，对其合法权益提供系统性制度保障。

第三，林权是复合型的权利集合。例如，森林和林木都是以林地为依托的，如果没有林地，森林和林木也就没有了生存的根据。而林权的客体可以是相互分离的，也可以被分为各种特定的权利，所以林权是一种复合的权利。林权内部由森林、林木和林地等权利客体组成，由此可以产生多种特定的权利。林权的不同客体之间是可以互生共存的，它们共同组成了完整的森林生态系统。例如森林和林木是以林地为生长根基的，而林地又靠森林和林地滋养。由此可见，森林、林木、林地是一个有机统一的整体，只有维护生态系统的完整性，才能实现生态价值与经济价值的协同增效。基于此，林权应被界定为兼具多重属性的复合型权利束，既包含以固碳增氧、水土保持为核心的生态服务功能，也涵盖通过碳汇交易、林产品经营等实现的经济价值转化机制。林权客体之间既相互独立，又可依据一定的划分标准被划分为不同的具体权利，它们既可属于单一主体，又可分属不同主体。

结合林权的外延和主要特征，可以对林权的概念做如下界定：林权是指对森林、林木及林地等不动产所享有的权利。这里的所有权，是指对林木、林地、森林等的占有、使用、收益和处分的权利。我国对林地普遍采取的是国有制，因此将林权的概念分为林地的使用权既没有将林权的概念扩大也没有将其缩小，而是结合我国的实际情况，很准确地对其进行定义，另外在森林和林木上将其定义为所有权和使用权，可以使林权的概念不仅仅局限在用益物权上。

林权是一束权利，是诸多权利的集合，是许多具体权利的抽象和提炼。提出林权的概念是为了从宏观维度把握森林、林地及林木方面的一系列权利，是为了从理论上完善和丰富我国物权理论体系。当然，法律理论的终极价值在于指导司法实践，其根本宗旨是为解决现实法律问题、保障权利人合法权益提供理论支撑。然而在具体实践中，林权人实际享有的是以用益物权为核心的若干具体权利组合，林权争议的实质也聚集于林木所有权、林地承包经营权等特定权能的法律适用。另一方面，林权的客体不是单一的物，而是三种不同的物，林权的客体包括了森林、林木和林地（张冬梅，2011）。另外，林权的主体也极其复杂，法律规则所规范的主体不是整个主体，而是某类主体。一言以蔽之，将林权类型化具有必要性。

林权类型化的方法是"客体与主体相结合"。所谓"客体与主体相结合"的方法是指对林权分类时，既考虑林权的三个客体，又考虑林权的主体。林权类型化的方法基于以下两个理论。其一，遵循我国权利分类理论。我国权利分类的一个主要依据乃是权利客体的不同，即根据客体不同，把权利分为物权、债权、人身权、知识产权等。"客体权利分类"理论贯穿了我国民法教学、民法立法体系及司法实践思维。其二，物权分类的基础是权利来源的主体不同。根据权利来源主体不同，物权分为所有权（自有权）和他物权，根据物的价值形态不同，他物权分为用益物权和担保物权。

林权应该包括以下一些类型：林地所有权、林地使用权、林地承包经营权、林地担保权、森林所有权、森林使用权、森林承包经营权、森林担保权、林木所有权、林木承包经营权及林木担保权。

二、林权的设立取得

林权源于国家和集体所拥有的森林资源，因此其建立基本上应遵循所有权人的愿望。在我国社会主义公有制经济体系下，国家和集体作为独特的民事主体，林权的建立自然带有独特性。总的来说，根据森林资源归属于国家所有还是集体所有，林权的确立方式有所差异，主要分为以下两种情况。

1. 国有林林权的设立方式

在我国，森林资源的国家所有权由国务院统一行使。其他民事主体可通过以下两种主要方式获得国有林林权：第一种方式是授权取得，也就是由国务院授权给国有林业企业、集体或私有林业主等，赋予他们使用国有森林资源的权利。没有国家授权，任何单位或个人不得对森林资源进行占有、使用、收益或处分。授权给国有林业企业的管理，依据林木重要性采取分级原则。第二种方式是协商取得，国家与其他民事主体通过招标、拍卖、协商等手段对国有森林资源的使用权和收益达成共识，自然人或法人可据此获得林权。《森林法》第四十三条规定，国家所有和集体所有的宜林荒山荒地荒滩可以由单位或者个人承包造林绿化。《森林法》第二十条规定，集体或者个人承包国家所有和集体所有的宜林荒山荒地荒滩营造的林木，归承包的集体或者个人所有；合同另有约定的从其约定。

2. 集体林林权的设立方式

集体林包括集体所有和国家归集体使用的森林资源，其林权的设立途径多样：首先是依法设立，指的是在林业"三定"时期，确定归集体经济组织成员长期使用的自留山，农民基于身份直接获得林地使用权和林木所有权。其次，林权基于承包合同设立，既包含家庭承包，也涵盖其他主体通过拍卖、招标等方式承包集体林地取得的用益物权。此类权利虽以合同为基础，但具有物权效力，其设立严格遵循相关法律法规和政策要求。承包合同仍是确定林权人与集体组织间权利义务分配的核心依据。

为了切实保障集体森林资源所有权人和林权人的合法权益，同时约束双方行为，有必要通过法律手段对森林资源的承包经营合同进行统一规范，包括明确合同的核心内容，重点规定双方当事人的权利、义务和违约责任。

国有林和集体林林权的设立方式显示出我国森林资源管理的不同侧重点：国有林林权设立侧重于国家对森林资源的控制，并注重森林资源环境生态价值的实现与保护。相反，集体林林权的初次分配重在公平，确保林区农民的生存保障功能得到发挥，优先满足集体组织成员的需要，体现出内外有别的原则。然而，随着社会经济的发展和福利条件的改善，林权的设立应更加开放和竞争化。林权的初始分配不应仅凭借身份，而应由当事人基于共识的法律行为来进行，打破林权分配的社区封闭性。市场在资源配置中的决定性作用应得到充分发挥，鼓励通过公开招标和公平竞争引入社会资本进行森林资源开发，将森林资源集中于能够提高其综合利用效率的使用者。这样可结合资金、技术、信息和管理经验的优势，促进森林资源的可持续经营。

三、林权的流转

林权流转广义上指的是林地使用权、森林使用权和林木所有权的流转，而狭义上仅指林地、森林使用权的流转（邹丽梅，2015）。尽管林木所有权的流转是林权流转类型之一，但其政策意义并不大。这是因为林木所有权流转可以根据《民法典》的相关规定来执行。林地、森林使用权流转在政策意义上更具重要性，原因在于林权流转的积极作用不仅在于促进市场资源要素的合理配置，还在于林地和森林不仅体现其私法经济价值，也显著反映了其公法上的生态价值。

《宪法》、《民法典》、《土地管理法》和《农村土地承包法》等法律均有涉及林权流转的规定，为规范林权流转提供了法律基础。1988年，我国《宪法》修正案通过，规定土地使用权可以依照法律规定转让，土地有偿有期限使用制度得以建立，也为建立林地流转制度提供了依据；同年全国人大修改《土地管理法》，确认林地属于农用地(周斌，2010)；2002年，《农村土地承包法》规定林地属于农村土地，国家实行农村土地承包经营制度。所谓林权流转，是在不改变林地的所有权和林地用途的前提下，按照一定的程序，取得林地承包经营权的承包方作为出让方，将取得的林地承包经营权进行二次出让，以转让、转包、出租、抵押、入股、联营、互换等方式让渡给受让方的行为，其本质为市场的交易(刘涛，2013)；2007年颁布实施的《物权法》，规定林地依法实行土地承包经营制度，林地承包经营权人可以通过转包、互换、转让等方式流转林地承包经营权。《森林法》第十六条规定，林业经营者应当履行保护、培育森林资源的义务，保证国有森林资源稳定增长，提高森林生态功能。据此，国务院发布了林权改革的两个文件——2003年的《关于加快林业发展的决定》和2008年的《关于全面推进集体林权制度改革的意见》，就林权流转提出了指导意见。江西省、福建省、浙江省、湖北省、湖南省、黑龙江省、云南省、四川省、重庆市、海南省、河南省、贵州省、广东省、广西壮族自治区等14个省(自治区、直辖市)制定了专门的地方性林权流转法规。现行的法律法规对规范森林、林木和林地使用权的合理流转，加快林地、林木流转制度建设提出了法律规制。其内容主要涉及以下几个方面：第一，林权权利人，一般指森林、林木、林地所有权或者使用权的拥有者；第二，林权流转的范围、方式和期限，一般都规定了可以流转的森林、林木和林地和不得流转的森林、林木和林地，流转期限一般都规定最长不超过70年，在二级市场流转最长期限为剩余期限；第三，流转程序，包括现场勘验、评估，登记公告等；第四，出让方和受让方享有的权利和承担的义务；第五，流转的登记与备案，主要包括初始登记、变更登记和注销登记；第六，林权管理，一般都规定县级以上地方人民政府林业主管部门为管理部门；第七，交易平台，要建立林业产权交易中心。当然，地方性法规不仅立法层级低，还不同程度地存在重复和冲突。

　　依法、自愿、有偿进行的林权流转是合法的产权交易。在实践中，林权流转既触及物权也涉及债权，两者的主要差异在于：物权领域涵盖林业产权的变动，如林木抵押权的设立、林地承包经营权变更期限、权利的转移等；而债权领域则涉及林地出租等权利的发生。对于林权流转的法律性质，有两种观点：一种认为它涉及林地使用权、林木经营权及森林使用权的流转，本质上是物权的变动；另一种则将其视为以"物"为对象的交易，属于债权行为（喻胜云，2007）。物权与债权在权利内容、法律效力及保护方式等方面存在明显差异。因此，对林权流转性质的准确认定对相关当事人的合法权益具有根本影响，有必要进行细致的分析和澄清。

　　为了维护森林资源的可持续发展，保障林区农民及林场工人的生计，我国目前在法律和政策层面对林权的初次分配制定了多项限制。尽管产权清晰有助于吸引资金技术、提升林业生产经营水准及高效利用森林资源，但相关的林权改革效果并不十分显著。因此，我国林权制度改革将"合理规范林权流转"作为改革的重点。这不仅要求将静态的林权激活并纳入流通机制以实现价值，还要在法定框架内进行流转，保证改革有序进行。在林权流转过程中，其客体已不再是森林资源本身，而是林权。换句话说，林权流转的对象与林权对象本身是不同的；森林资源与依附其上的权利是两个不同的概念。森林资源公有性质的特征也意味着其在许多情况下不能作为一项可直接交易的普通财产。因此，林权流转应理解为森林、林木的所有者和林地所有者或使用者将所有权或使用权有偿转让给其他公民、法人或组织的行为。福建省、重庆市、河南省等省份颁布的地方性法规对森林资源流转均有确认。通过规范的程序和方式进行林权流转后，新权利主体获得林地、林木或森林的占有、使用、收益、处分等权利，成为独立的市场实体，自主经营，自负盈亏，并享有与其他林权形式同等的法律地位。这也体现了林权流转的公平原则。

第二节 基于林业碳汇的林权利益

传统林权是指对森林、林木及林地等不动产为基础产生的所有权、经营权及担保物权等，看重林产品、木材产品等"可见"实物的经济价值及社会价值。基于林业碳汇的新型林权利益从林业的生态服务价值功能角度出发，产生"不可见"产品的生态价值，具有可量化、可交易、可持续特点，看重实现林业生态、经济和社会效益的共赢，具有被保护和利用的需求。我国未区分传统林权利益和新型林权利益，立法尚未对林业碳汇等新型林权作出明确回应，因此在法律层面对新型林权相关主体的利益权属难以确定，导致林权利益分配不公，在实践中新的林权利益主体也难以找到有效表达利益诉求的渠道。

一、林业碳汇林权

(一)林业碳汇林权的概念

作为一种看不见摸不着的生态产品，林业碳汇权利应包括所有权人对所获得的林业碳汇依法或依规定享有的一切权利(陆霁，2014)。林业碳汇权由占有、使用、收益和处分等权能组成，是产权主体围绕林业碳汇形成的经济权利关系。其直观形式是人对物的关系，实质上都是权利主体之间的关系。权利主体拥有林业碳汇的产权，意味着其获得相应温室气体排放空间相关的权利，因此，权利主体可以依据自己的效用需求对这部分排放空间进行排他性利用。林业碳汇在产权明晰的情况下，可以有条件地与所依托的物质载体——原物实现分离，用于专门的使用途径。但与一般林业产品不同的是，林业碳汇价值的实现，要受到人为设立的碳排放总量控制政策和碳排放权交易机制的制约。此外，由于不具有实际的物质实体，林业碳汇要进行交易或在不同主体间转移，需要经过专业的生产、计量、监测、核证、签发及注册登记等完整的操作流程后，才能成为具备合格条件的产权客体。

林业碳汇权利依附于林木，只要林木的产权清晰，林业碳汇的产权也就清晰，林业碳汇权利不能离开林木单独存在。谭静婧（2011）在其研究中认为林业碳汇不能脱离其物质载体发挥功能，故所有人只能在法律上或观念上占有林业碳汇，而不发生现实转移。这一观点忽视了林业碳汇产权在一定条件下可以和林木产权分离这一现象的存在，没有对林业碳汇和林业碳汇产权进行区别。根据产权理论，林业碳汇的产权和林木的所有权是可以分离的。具体到实际运用中，购买林业碳汇产权的买方并不一定就是林木的所有者，他们购买这种产权可能更多是出于收益考虑，尤其是在有法规对碳排放进行限制的背景下。林业碳汇产权是一项创新的产权制度，它虽然不能离开林木独立存在，但在特定条件下，其产权是可以和森林产权分离的。在今后的产权设定和利用中，需要更深入地理解和运用这一产权制度，以实现林地资源的最优配置，促进碳汇市场的繁荣。此外，林业碳汇的买方不仅仅是为了占有林业碳汇的产权，其购买目的还可以包括从拥有的林业碳汇产权中获得收益。在相关规定出台后，所有者可以使用符合条件的林业碳汇来抵消本国的碳排放，以助于实现减排目标，为自身通过技术创新或升级获得永久减排提供宝贵的缓冲时间。林业碳汇使用后便不再可用，但其物质载体（如林木）需要在碳汇项目的核算期内继续存续，以确保减排量的有效性得到验证。因此，林业碳汇拥有独立的产权。然而，只有在林业原物（如林木）真实存在的前提下，才能准确计量和界定其产权。与林木等来源的其他林副产品不同，林业碳汇的产权应当与林权分离，尽管这需要满足特定条件。

林业碳汇权利涉及的权利主体众多，包括森林拥有者、经营人以及可能通过合同得到碳汇权益的第三方。这些碳汇权益可能包括森林生长过程中吸收的二氧化碳、森林资源的使用权以及通过森林的保护和管理服务形成的环境效益等。林业碳汇的产权在许多情况下并不直接与森林土地所有权或森林使用权挂钩。即使土地和森林为某人或某组织所有，但是森林的碳汇权益可能是另一个实体的。这是因为在许多国家和地区，碳汇权被视为一种独立而可分离的权益，其所有权和使用权可通过合约等方式在不同的主体之间进行转移。产权的分离和转移为林业碳汇市场的发展提供了可能性。通过这种方式，林业碳汇可以在市场上进行交易，作为一种减排措施而得到更广泛的认知和使用。与此同时，也为林业资源有效利用和保护提供了新的机制，有助于推动全球碳减排和气候变化适应。

　　林业碳汇权是一种新型的森林资源财产权利，属于准物权的范畴，其在全球变暖和环保问题上的重要性得到了越来越广泛的认识和接受。绿色信贷和低碳经济对于推动经济持续健康发展具有重要作用，而林业碳汇权作为一种具有经济价值并可转让的权利，不仅可以为碳汇林业的发展提供资金支持，也可吸引更多林业经营者和金融机构参与其中。林业碳汇权是一种具有可交易性和适质性的新型财产权利，本身具有质押融资的条件，通过将其作为质押，可以推动林业碳汇项目的发展及碳交易市场的健全，有利于绿色信用和绿色金融体系的进一步发展。实现林业碳汇权的价值创造，需要建立碳信用体系，并完善林业碳金融市场。

　　林业碳汇权通过核证减排量作为计量和交易标的，确立了其商品性质，解决了林业碳汇无法律依据的问题。由于涉及人工劳动，林业碳汇权具有与其他资产或财产性权益不同的特殊价值，可以被视作一个独立的权利客体。林业碳汇权是指林业活动通过吸收和储存大气中的碳而产生的效益，这种效益可以转化为证书，然后在市场上进行买卖。这是根据《京都议定书》设立的一种机制，旨在降低全球碳排放。额外性是《京都议定书》确定的一个基本原则，意味着只有额外的、超过基线水平的碳汇量才能被认证并计入减排成果。林业碳汇权的实现需要人们的努力和工作，包括植树造林、重新恢复已被砍伐的森林、改进林业管理、减少破坏森林的活动等。这些努力都需要人力去实现，因此，林业碳汇权的价值就体现在了这种特殊的人工劳动上。同时，虽然林业碳汇权与森林的其他产品（如木材、果实、植物等）关联密切，但由于其特殊性，可以作为单独的权利主体，在市场上进行买卖。碳汇交易不仅可以创造经济效益，也有助于鼓励人们采取更多的环保措施，以实现人与自然和谐共生。

　　林业碳汇权被学界普遍认为是"准物权"属性的新型财产权益，林业碳汇的法律地位正处于从政策实践向立法确认的过渡阶段。这种权利不仅对推动环保、绿色信贷和低碳经济发展具有重要意义，还可通过碳信用体系和多层次金融市场实现价值转化。

(二) 林业碳汇林权的属性

林业碳汇所带来的新型利益具有独立性,并且独立于林权之外。它具备财产权的特性,凝聚了人类的劳动成果,并具有可交易的社会属性。林业碳汇能否具有林权属性,需在《民法典》、《森林法》及相关林业碳汇制度规定的基础上进行协调和融合。这种新型林权包含了对不同利益主体权益的调整和再分配。

林业碳汇权益通过法律确权和市场化交易机制,可以实现利益的最大化及有效的资源配置。森林和林木依托于林地之上,森林碳汇依托于森林和林木之上,林业碳汇权是以一个完整的生态系统为客体进行使用收益的总括性权利,既包括现存利益,又包括期待利益(陈英,2020)。林业碳汇权作为林业碳汇经济价值利益分配和归属的前提及基础,具有广泛的权利属性(陈英,2020)。这要求我国《民法典》、《森林法》等相关立法进行理论完善和补充。从法学的角度来看,新型林权利益是指国家公权力根据法定程序,在权衡林权相关主体的各种利益后,以法律形式明确确定的利益。因此,首先应确认林业碳汇权作为法律保护的对象,拥有明确的法律地位。

传统林权法律规范将林业碳汇产生的生态价值视为"公共产品",是公共利益,每个人都可以享用森林带来的防风固沙、清洁空气的利益,这在过去无可厚非。但当生态环境不断恶化,降碳减排成为时代要求的时候,如果仍然任由林业碳汇由"受益者"无偿享用而不支付任何成本,那么对于森林所有者来说难免不公,对维护森林资源、促进碳汇资源产生的劳动者更为不公。因此,对价值保护最为敏感的《民法典》应该对林业碳汇新型林权利益予以关注,对产生生态效益的森林碳汇减排量予以特别规范,以顺应时代经济发展的需求。《碳排放交易管理办法》规定,林业碳汇经量化核证的减排量可以抵销碳排放配额的清缴,但林业碳汇经核证减排量属于无体物,不是《民法典》物权的客体,不符合买卖合同关于标的物的要求。法律属性不清,无法为森林碳汇的良好发展提供充分保障。

《民法典》于 2021 年 1 月 1 日正式生效,如果把经核证减排森林碳汇量等无体物直接纳入"物"的范畴，立法者所要完成的工作不仅仅是修改《民法典》物权编，还将面临重构整个物权体系的重任；另外，从法律体系的逻辑紧密性来说，《民法典》推定所有权的归属确认是采取推定所有权永恒存在的规则，即所有权的存在不能设定其存续期间；而京都规则下的林业碳汇经核证减排量存在存续有效期，其中临时经核证减排量的有效期最长 10 年，长期经核证减排量的有效期为 20 ~ 60 年。林业碳汇经核证减排量的过期失效，意味着即使买方未曾用于抵消其温室气体排放量的森林碳汇经核证减排量，也不能将其转入减排下一承诺期继续使用。因此，从物权体系逻辑紧密性的层面来看，我们认为不宜直接扩充《民法典》中"物"的内涵。

但是，林业碳汇减排量准用森林资源物权之相关规定。在林业碳汇项目的实践中，项目业主除了要取得碳汇林地使用权外，还必须取得指定国家主管机构的项目批准函，该项目批准函实际是从事生产林业碳汇经核证减排量活动的行政许可。因此，项目业主取得使用大气温室气体容量的权利才是获得林业碳汇经核证减排量的所有权的前提条件。目前，我国并未制定任何法律规范来定义、界定这种权利。为了表述方便，暂且称之为林业碳汇权，并将林业碳汇权界定为一种准物权。首先，行政许可是各类准物权产生的共性，同时具备公法色彩和私法属性。其次，按照严格标准来考量，准物权的客体具有不确定性。林业碳汇权的客体是林业碳汇项目通过植被固碳作用实际实现的二氧化碳吸收量（碳汇量）。该量值需经严格的方法学评估与第三方核证，以排除自然背景碳汇的干扰。尽管大气具有流动性，但通过"额外性"原则和基线设定，碳汇权得以将碳汇量与项目活动直接绑定，形成具有准物权性质的权益。再次，准物权具有对抗性、支配性、绝对性的效力。林业碳汇权主体是特定的，义务人是不特定的，只要义务人不违法干涉林业碳汇权人行使权利，即为履行了其义务，因而林业碳汇权具有绝对性效力；林业碳汇权人行使其权利时，第三人不得非法干涉，具有对抗第三人的效力。此外，经过指定国家主管机构批准的清洁发展机制林业碳汇项目将在中国清洁发展机制网站予以公布，也具有对抗第三人的效力。

因此，我们认为林业碳汇项目业主取得经核证减排量所有权的法律基础的法制构建步骤应当是：第一，在《民法典》物权编中明确"物"的基本特征，将无体物纳入"物"的范畴；第二，规定符合条件的无体物准用《民法典》物权编的规定，并且规定"依法取得的森林碳汇权受法律保护"；第三，在《森林法》中对森林碳汇权的权利主体、取得条件、权能、法律责任等内容进行规定。

（三）林业碳汇林权权能

首先，基于其可交易性，森林碳汇权是一种新型的财产权。因此，森林碳汇权虽然不具有占有权能，但可以享有准占有权能。其次，在传统物权理论中，使用是指按照物的性能和用途利用，并不损毁物或变更其性质地加以利用，并不是所有的物都具有使用权能，只有当物是不可消耗的情况下，所有人才具有使用权能。林业碳汇权的客体是林业碳汇项目通过植被固碳作用实际实现的二氧化碳吸收量（碳汇量），是真实存在的。森林碳汇权人在利用碳汇林的光合作用原理，对该客体进行利用的过程中，并不会发生损毁或变更。因此，森林碳汇权的使用是森林碳汇权人获得经核证减排量所有权的手段。再次，森林碳汇权人通过一定的技术手段，并在履行一系列的法定程序后，取得了具体数量的森林碳汇经核证减排量的所有权，通过出售森林碳汇经核证减排量的方式，就能够实现经济上的收益。因此森林碳汇权应当具有收益权能。最后，处分权能。森林碳汇权人无法对权利的客体进行事实上的处分，主要是指森林碳汇权是否能够转让的问题。森林碳汇权是权利人基于指定国家主管机构的批准而取得的权利，具有严格的条件限制，不能被随意转让。

为了促进森林碳汇项目的发展，确保实现碳中和目标，必须对不同林权利益主体的利益进行调整与再分配。这要求清晰界定各新型林权利益相关者的诉求及其差异，寻找平衡不同利益的途径，以及建立和完善新型林权的法律制度。这将有助于增加森林碳汇的供给，并实现生态和经济效益的统一。传统林权涉及的是现有利益，而森林碳汇视角下的新型林权同时涉及现有利益和预期利益。森林碳汇权具有更广泛的权利属性，不仅为物权中的"物"添加了新的元素，也丰富了物权的权能和内涵。因此，有必要针对《民法典》和《森林法》进行立法理论的完善和补充。财产权由权能和利益两个基本内容构成。权能是产权主体对产权客体所拥有的权利和职能，反映了产权主体的意志和行为，回答了产权主体"必须做什么，能够做什么"的问题。产权的利益是产权为产权主体所提供的效用或带来的好处，涉及享受、使用或获取的权利，回答了产权主体"必须获取什么，能够得到什么"的问题。权能与利益相互依赖，它们是内在统一的。林业碳汇产权利益的实现，要求产权主体行使相应的产权权能。产权权能的特点直接关系到林业碳汇的使用和效用实现。下面对林业碳汇产权所包含的占有、使用、收益和处分这四项基本权能进行分析。

1. 占有权能

林业碳汇产权的占有权能指的是所有者对林业碳汇能够进行实际掌握和控制的权利。林业碳汇产权的占有权能是一种比较复杂而特殊的权能。由于林业碳汇是无形的，不能通过直观感知去掌控和测量，所以实际控制和占有林业碳汇需要专业的技术手段，包括生产、计量、监测、核证和注册登记等。并且，这种占有权能的实现也需要得到相关管理部门的认可，以保证其合法性。林业碳汇产权的占有权能允许产权主体在合法框架下实施对林业碳汇的控制和管理。　且通过合法手段获取了林业碳汇产权，产权主体就具备了对碳汇的占有权能。但需要注意的是，占有权能并不是产权主体的最终目的，它仅仅是行使其他权能，如使用权、收益权和处分权的前提条件。例如，占有权能允许产权主体实际控制林业碳汇，也为行使使用权提供了可能，使得产权主体得以通过合法的方式利用林业碳汇进行碳排放权交易或分配。同样，占有权能也为行使收益权创造了条件，使产权主体可以通过出售碳排放权或其他方式获得经济收益。在这个过程中，占有权能起到了重要的桥梁作用，联系并影响着其他的权能实施。因此，只有正确理解和行使占有权能，才能高效利用林业碳汇产权，推动可持续发展和环境保护。

2. 使用权能

林业碳汇的使用权能是指林业碳汇所有者在保持林业碳汇原有属性的前提下，根据林业碳汇所具有的原有性能和用途加以利用的权能，也就是对林业碳汇所提供的温室气体排放空间进行使用的权利。林业碳汇的使用权是对碳汇资源进行合法使用的权利，这主要涉及碳排放权的使用。在实际操作中，林业碳汇的使用权和占有权常常是共同行使的，但在某些情况下，可能会需要占有权人的授权才能行使使用权。林业碳汇主要有以下三种使用方式：第一，抵减强制减排企业的碳排放。主要的适用对象是需要承担强制减排义务的附件Ⅰ国家及其企业或机构。在《京都议定书》等国际环保规则的约束下，这些国家和企业需要实现自身的减排目标。通过购买或交易林业碳汇的使用权，可以有效地抵减其自身的碳排放量，达成减排目标。第二，抵消自愿减排者的碳排放。主要的适用对象是自愿减排的企业或组织。这些主体通常不受强制减排约束，但他们基于环保理念或策略需要，会选择购买林业碳汇的使用权，用来抵消他们在生产经营过程中产生的碳排放量，进而实现企业的碳中和目标。第三，用于公益事业的资金支持。这里的公益事业包括土地保护、森林保护等环保活动。购买林业碳汇的使用权，不仅可以支持林业的可持续发展，同时也可以为气候变化的应对提供资金支持。正因为林业碳汇的使用方式多样，且具有环保价值，因此对林业碳汇使用权能的行使将在未来的环保和经济发展中发挥重要作用。

3. 收益权能

林业碳汇的收益权能是所有者获取林业碳汇产生的新增利益的权能，其本质是从实现产权的价值中获取增值收益。林业碳汇产权的收益权与使用权之间存在着紧密的联系。使用权使碳汇产权持有者有权利直接利用林业碳汇，使自身的碳排放得以降低，此过程的成本相对较低。相对地，收益权便是产权主体通过转让或出售林业碳汇产权获得金融回报的权利。然而，林业碳汇的收益权面临着一些实际的挑战。首先，目前对林业碳汇的需求和使用并不普遍，主要来自自愿性的碳排放市场，从而使得林业碳汇的价值较低，收益也相对不稳定。另外，许多主要的碳交易市场并未接受林业碳汇，比如欧盟碳排放权交易体系，这无疑进一步限制了林业碳汇的市场需求。其次，在没有全球统一的温室气体排放总量控制和配额管理的情况下，林业碳汇作为公共产品的排他性使用以及稀缺性价值难以实现。换言之，如果碳排放的配额过多，则林业碳汇的价值无法体现，反之，如果配额过少，则可能会打击经济发展。最后，需求短缺也直接影响着林业碳汇的收益权。要实现收益权，产权主体通常需要进行产权的转移和交易。然而，由于林业碳汇使用的现实问题，造成了需求不足。尽管林业碳汇的供应正在逐步规范，但交易的机会和规模增长却相对较慢，交易成本也相对较高。所以，如果要提高林业碳汇的价值并实现收益权，需要加强对林业碳汇的宣传和推广，同时，需要建立全球统一的温室气体排放控制和配额管理机制，以提高林业碳汇的需求和价值。

4. 处分权能

林业碳汇的处分权能是指林业碳汇所有者基于法律规定对其进行管理和处置的权利。这种权利涉及两个方面：事实上的处分和法律上的处分。事实上的处分主要是指林业碳汇所有者对碳汇形成的核证减排量进行使用，比如将其用于实现减排目标，或者提交给相关管理部门以履行自己的减排义务。同时，也会在相关部门注销对应的核证减排量记录。法律上的处分则涉及对林业碳汇的产权进行法定变更，或者为他人创设其他权利并承担相应的权利义务。比如，林业碳汇所有者可以将其碳汇产权进行转移或交易，将其转让给其他产权所有者。另外，金融部门可以基于林业碳汇进行金融产品创新，创立新的权利义务关系。需要注意的是，对林业碳汇处分权能的行使直接受使用权和收益权影响。如果产权所有者不能有效行使这两种权利，那么他也无法有效地行使林业碳汇的处分权，从而无法完成对林业碳汇的最终处理。

(四) 林业碳汇林权的主体和客体

产权界定指国家依据法律规定划分财产的所有权和经营权等产权权能的归属，明确各类产权主体行使权利的财产范围及管理权限的一种法律行为。产权界定要明确产权的主体和客体。

1. 林业碳汇林权主体

林业碳汇权是所有权人对所获得的林业碳汇依法或依规定享有的权

利。林业碳汇的权利主体是对林业碳汇拥有占有、使用、收益和处分等产权权能的自然人或法人。不同权利主体从林业碳汇产权权利的行使中获得的效用不同。此外，我国林业碳汇权利主体获得产权的途径缺乏明确的法律依据，需要在实践中不断加以完善。我国目前的林业碳汇产权主体呈多元化特征。由于林业碳汇产权是一种全新的产权形式，在《宪法》、《民法典》、《土地管理法》和《森林法》等法律中均未对林业碳汇产权的权利主体进行规定。

随着全球应对气候变化进程加速，《巴黎协定》目标期限（2050年前实现碳中和）的临近，各国碳减排政策框架逐步明晰。从国际实践看，碳市场已成为推动温室气体控制的重要工具，全球已形成欧盟碳排放权交易体系（EU ETS）、美国区域温室气体倡议（RGGI）等成熟机制，配套的碳交易平台包括欧洲能源交易所（EEX）、洲际交易所（ICE）等。值得注意的是，除强制性碳市场外，自愿性碳抵消机制（如 VERRA、CDM）及地方性环境权益交易市场也快速发展。在中国，碳市场体系建设呈现多层次发展特征，全国碳排放权交易市场以上海环境能源交易所为核心平台，覆盖发电行业并逐步向其他领域扩展；地方层面，北京绿色交易所、广东碳排放权交易中心等机构探索碳配额交易与绿色金融创新。同时，林业碳汇作为重要的自愿减排方向，其发展需依托碳市场机制与政策协同，并对接国际气候治理规则。未来，构建"强制+自愿"协同的碳市场体系，推动林业碳汇纳入国际碳交易机制，将成为完善全球气候治理规则的重要方向。

在非自愿市场，林业碳汇交易的买方主要指《京都议定书》附件 I 各国政府以及世界银行碳基金，卖方主要是发展中国家。中国作为发展中国家，在第一阶段及 2013—2020 年第二阶段的承诺期，都是作为卖家出现。

在国内自愿市场，买方主要是国内的企业，其基于社会责任购买森林碳汇，也可以储存自己的碳信用。如果以行业为依据来划分还可以将电力、化工等高能耗、高排放的行业确定为首批法定购买主体。卖方一般是森林的所有者或经营者，由于我国进行的林权体制改革，卖方还有可能是林权的拥有者。碳汇交易第三方主要指寻找合适的碳汇供给方和购买者的碳汇交易经纪人和计量认证机构，经纪人可以利用自己的技能帮助减少交易成本；计量认证机构由清洁发展机制执行理事会指定，主要分析碳汇项目和基线设计可行性(陶文娟，2018)。

2. 林业碳汇林权客体

林业碳汇客体是产权主体认识与活动的对象，是独立于人类意识之外的客观存在。人们通过对森林生物学特性的研究可以对其进行感知，通过科学的计量和登记注册等管理制度可以对其进行支配。因此，林业碳汇产权客体指的是林业碳汇这种生态服务。林业碳汇通常通过森林植被中的光合作用吸收并储存大气中的二氧化碳，形成地球上的碳地下储藏室或"碳汇"。这也提供了一个重要的生态服务，即抵消人类活动引起的部分二氧化碳排放。这里的"产权"指的是拥有对特定资源的完全或部分控制权。根据我国《民法典》物权编的相关规定，林业碳汇的产权可以被确定，归于拥有森林资源权或者基于合同获得利益物权的企业或个人。这意味着，这些权利人可以依法管理、利用，并从碳汇活动中获取收益。根据《京都议定书》的规定，买方可以通过购买林业碳汇以完成《京都协定书》规定的温室气体排放限制承诺。森林碳汇归森林资源的所有权人或基于承包经营权而获得林木的用益物权的企业或个人所有。

(五) 林业碳汇林权的确定方法

国家对自然资源的开发和利用进行保护，只有经过行政许可，才可以获得准物权，也就是民事主体开发利用自然资源的权利需要经过行政许可才能进行。对于采矿权、捕鱼权等准物权来说，民事主体作为行政许可申请人，一经行政许可实施机关的批准，即获得从事某项自然资源开发利用的权利。然而，林业碳汇权与此类准物权存在一定的差异：此类准物权仅涉及国内法律关系，而林业碳汇项目业主获得林业碳汇权，除了要获得指定国家主管机构的批准外，还应当满足项目能够获得注册的条件。指定国家主管机构的行政许可对于林业碳汇的开发和利用来说，属于附条件的行政许可。

产权界定的目标是激励和推动林业碳汇项目的实施和管理，并确保其收益能以公正的方式分配。在界定产权时，需要考虑到林地的所有者、投资者、保护者和其他的相关利益方的权益。可以通过法律条款、契约协议及市场机制等方式来实现。不同的主体，如投资者、项目实施者和原物权所有者，根据自身的身份，可以获得林业碳汇的产权。因外部性的特性，让享受其影响的一方无法在市场机制下，合理补偿提供外部性的一方，这在产权的划定上构成了一大挑战，在林业碳汇项目中尤为突出。在林业碳汇项目中，必须明确定义哪些主体具有林业碳汇的收益权，并需要设定合理的权利分配机制。如果产权没有明确定义或者公平地分配，可能导致资源被过度开发或引发争端，从而影响到项目的持续性以及效益。

1. 通过买卖合同确定产权归属

林业碳汇项目程序复杂，前期包括项目设计，项目设计又包括项目总体描述、项目运行期和计入期等多项内容；中期包括国家主管部门批准、审定和登记；后期包括项目实施及碳汇量检测、碳汇项目的核查和核证、发放核证减排量等许多程序。交易要遵循自愿、平等、公平合理和等价有偿的原则，合同以其公示性、规范性和强制性，不仅使森林碳汇交易主体了解碳汇市场，其权利义务得到合理分配，合同履行方式、承担责任的方式及解决纠纷的方法等得到明确的说明，并通过强制力保障实施。在森林碳汇交易合同中，可以约定卖方在无法完成履约的情况下，将交付义务转移给新债务人，即债务的转移。但是这种债务转移不仅要经过买方的同意，还要重新经历申报、审批、审定和登记的过程。双方可以设定一定情况下碳汇交易合同解除权行使的条件，以应对出现突发事件时无法履约的状况。当然，不管是债务转移还是行使解除权，对于造成的损失，都可以要求对方承担违约责任。双方可以在合同中设定承担违约责任的形式和范围。形式以赔偿损失和违约金为主，以替代履行为辅。赔偿范围不得超过违约方订立合同时预见或可能预见的损失。另外，还可以对森林碳汇交易中多次实施、反复出现的某种交易做出合同示范文本，使林业碳汇交易当事人签订合同时有一定的参考依据，使交易各方无须对已经成熟的合同条款进行协商，从而降低谈判费用。林业碳汇交易合同需要采用特殊书面形式，即要件登记生效方式。之所以要求这种要式条件，一方面是因为非自愿市场的交易本身就需要严格的审批程序，对森林碳汇合同的登记生效也可以看成其流程的一部分；另一方面是因为森林碳汇项目历时很长，在履行过程中难免会遇到政治、经济环境和自然因素的影响，风险很大，要式形式可以赋予林业碳汇交易合同更强的对内和对外约束力，及对抗第三人的效力，通过对合同形式和内容的审查确保双方利益和内容符合法律规定，以保证合同的履行及变更能够更加顺利地进行。

2. 通过参与项目确定产权归属

如果林业碳汇投资者直接承包土地进行林业碳汇项目，成为林木等原物的所有权人，则无需再做另外约定，自然成为林业碳汇产权的主体。如果林业碳汇投资者自己没有直接参与林业碳汇项目，而是与其他承包土地实施林业碳汇项目的主体合作。这种情况下，投资者没有成为原物的所有权人，原物的归属取决于其他实施项目的主体与土地发包人之间的承包合同。投资者要获得林业碳汇产权，还需要与其他实施项目的主体进行额外约定。这里的其他主体包括项目运行实体、农村集体或农民个人。具体又分为投资者选择项目运行实体负责运营碳汇项目和投资者选择农村集体或农民运营林业碳汇项目两种。

3. 捐资造林后碳汇产权的归属问题

企业和个人通过捐资造林有机会获得碳汇产权。这些碳汇产权的获取并非出于交易目的。企业或个人一旦得到核证注册的碳汇产权，就可以将其用于实现碳中和或抵消碳足迹，进而达成减排目标。中国绿色碳汇基金会为了助力社会公众实现低碳目标，开展了一系列的碳中和活动，如在个人所得税中享受捐资造林的税收优惠政策。这些举措旨在鼓励更多的企业和个人参与碳中和活动，促进低碳生活方式的普及和推广。同时，中国绿色碳汇基金会还致力于提升碳中和的效果，通过引入先进的碳汇监测技术和管理手段，确保所捐资的碳汇能够真正实现减排效果，并为每一笔捐资提供详细的监测报告和证明。

通过这些碳中和活动，企业和个人可以积极参与到减排行动中，为应对气候变化做出自己的贡献。同时，也为企业和个人树立了良好的社会形象，提升了绿色品牌的知名度和美誉度。

二、林业碳汇林权利益

(一) 林业碳汇林权与林业碳汇林权利益的关系

基于林业碳汇的新型林权利益与基于林业碳汇的新型林权之间存在本体与衍生的逻辑关系，新型林权是以林业碳汇为核心客体的权利束，是法律赋予主体对森林碳汇资源的支配性权利，其本质是通过物权法定原则创设的新型用益物权，体现为对碳汇资源占有、使用、收益及处分的法律资格。新型林权利益是林权主体基于碳汇资源行使权利所获得的具体利益，包括：碳汇交易收益，碳信用资产增值而产生的经济利益，对碳汇功能进行生态服务价值补偿而产生的生态利益，以及基于公众参与碳市场促进绿色发展而产生的社会利益。林权的存在是林权权益产生的前提。法律对林权的确认决定了权益的合法性边界。但林权作为抽象的权利工具，需通过具体利益形式体现其经济和社会价值。例如，只有通过确权登记赋予林业经营者碳汇相关物权，才能使其享有碳汇交易、质押融资等经济利益。碳汇交易权将碳汇资源转化为可交易的金融资产，使林权人的生态保护行为获得市场化回报。林权权益的实现程度反过来也会影响林权的制度设计需求。因此二者互为制度创新的驱动力，林权制度的完善推动权益保障机制的创新，林权权益需求的增长倒逼林权法律规则的调整。林权为林权权益提供法律根基，林权权益为林权注入经济活力，二者共同构成林业碳汇制度的核心要素。

(二) 林业碳汇林权利益的界定

基于林业碳汇的林权利益是随着碳交易机制发展而衍生的新型权益体系，包括经济利益、生态利益和社会利益。

经济利益指林权人通过参与碳交易、碳金融等市场活动，将林业碳汇资源转化为可量化的经济收益的权益形态，其本质是碳汇资源资本化的过程，体现为货币化、金融化的权益价值。主要内容包括碳汇交易直接收益、碳金融衍生收益和政策补贴与税收优惠。碳汇交易直接收益是通过CCER、VCS 等机制，将森林碳汇量转化为可在碳排放权交易市场交易的标准化产品，或根据《碳排放权交易管理暂行条例》，重点排放单位可以通过全国碳排放权交易市场购买或者出售碳排放配额，其购买的碳排放配额可以用于清缴。碳金融衍生价值也属于经济利益的一种形式，以碳汇为底层资产的债券、期货等金融产品进一步放大了经济权益。政策补贴与税收优惠主要指在造林绿化补贴、绿色税收减免政策中对林业碳汇相关企业实行所得税减免或增值税即征即退政策。

生态利益指因森林碳汇功能（如固碳增氧、调节气候）而产生的非市场化收益，体现为对生态环境保护行为的补偿和对公共利益的维护。其核心是生态服务价值的货币化或实物化补偿。主要内容包括碳汇功能补偿、生态服务价值维护和代际正义与公共福祉。政府通过生态补偿专项资金，按碳汇量向林权人支付补偿金。国际碳基金参与 REDD+项目，获得世界银行、绿色气候基金等机构资助。生态服务价值维护指碳汇林地的生态功能间接产生生物多样性保护效益，森林碳汇项目也通常兼具水源涵养、土壤保持功能。代际正义与公共福祉指森林碳汇缓解全球变暖的贡献惠及后代，属于典型的代际公共物品，可通过碳汇项目打造"低碳城市"、"碳中和景区"，增强区域可持续发展竞争力。

社会利益指林业碳汇权益在促进社会公平、推动绿色发展、保障社区权益等方面的综合价值，体现为社会协作与利益再分配的机制化成果。主要内容包括绿色发展的公共参与权、社区利益共享机制和社会治理创新。绿色发展的公共参与权是公众通过参与林业碳汇项目履行环保义务并分享收益；企业购买林业碳汇抵消自身碳排放，塑造负责任品牌形象。社区利益共享机制指在家庭承包制基础上，通过"合作社+农户"模式将碳汇收益按股权或劳动力分配，在天然林保护项目中，优先保障原住民的知情权、参与权和收益权。例如，云南普洱景迈山古茶林碳汇项目覆盖2.6万原住民。社会治理创新是将个人低碳行为（如步行、骑行）与林业碳汇积分挂钩，构建全民参与的低碳社会治理体系（如广东碳普惠平台），通过碳汇项目带动农村产业升级。例如，福建林票改革，使林权人可凭碳票抵押贷款、入股分红。

经济利益、生态利益和社会利益在林业碳汇林权益体系中构成"动力、基础、平衡"的三角关系，经济利益驱动制度创新，生态利益提供可持续性约束，社会利益确保公平性与包容性。林业碳汇的林权利益体系是市场化、生态化、社会化三位一体的制度创新，其健康发展需以法律确权为基础，以碳市场机制为纽带，以社会共治为保障，未来需通过法律确权、政策协同、治理创新的路径，构建更具韧性的利益平衡机制，最终实现生态保护、经济发展、社会公平的多赢目标。

第三章

林业碳汇交易

第一节　林业碳汇交易概述

一、林业碳汇交易的概念

林业碳汇交易是在国际社会共同努力下形成的森林生态效益市场化的方式，是通过市场机制达到的生态效益补偿，是发生在平等主体之间的财产交换关系，由卖方交付约定质量和数量的可供计算的碳汇，买方支付价款的市场行为。林业碳汇交易本质上是一种民事法律关系，因此需遵守普通民事交易规则(如交易主体法律地位平等)，遵循等价有偿原则，遵循意思自治原则等。同时，林业碳汇交易作为一种国际社会公认的应对气候变化的市场化手段，还承载了促进项目东道国可持续发展等多重使命，这就决定了它不同于一般意义的民事交易。由于我国林业碳汇项目业主在价格信息、议价能力、交易经验等方面处于相对劣势地位，如果完全放任现阶段的清洁发展机制林业碳汇交易，林业碳汇经核证减排量的成交价格会大大低于同类国际林业碳汇经核证减排量交易的价格。

近年来，支持开展林业碳汇交易的观点包括：首先，由于20%~25%的人为排放温室气体源自土地利用变化，因此，应对气候变化需关注土地利用和森林砍伐问题。其次，林业碳汇项目能够为社会、经济和环境带来额外效益。再次，林业碳汇项目能使贫困国家(如非洲国家)通过出售碳汇获得的收入，尽管这一点存在争议。反对林业碳汇项目的观点则认为：一是难以确保森林不会在未来被烧毁或毁坏，从而释放二氧化碳。二是林业项目可能会减少基于化石燃料的实际减排行为。三是估算林木的具体碳储量存在困难。四是一些历史上单一树种的人工林项目给当地环境造成了负面影响，并导致当地居民流离失所。

林业碳汇交易的前提是林业碳汇具有产权属性，目前要获得有效利用至少要保证具有排他性和可交易性，以及可与林权分离的可分离性，这是林业碳汇产权转移的重要条件。首先，排他权，即林业碳汇所有权人可以行使占有、使用、收益和处分等权能，并排除他人权利的行使。由于林业碳汇本质上是无体物，又具有较强的外部性，只有通过完整的产权界定过程，并对产权的界定、交易、使用和注销等过程进行系统全面的管理，才可能使其产权具有排他性。其次，目前，林业碳汇交易权的实现受到交易频率太低的制约。这种制约导致大多数交易是基于具体项目而向项目实施方直接购买，在市场上由买卖双方竞价进行的交易数量较少。不过，借助其他已经较为成熟的交易平台开展林业碳汇产权的交易，可以在一定程度上减轻这一因素的影响。再次，在林业碳汇交易中，林业产权与碳汇产权具有可分离性，能够在不同的产权主体间进行转让。

根据中共中央、国务院《关于加快建设全国统一大市场的意见》，我国正着手培育发展全国统一的生态环境市场，依托公共资源交易平台，建设全国统一的碳排放权交易市场，实行统一规范的行业标准、交易监管机制。自 2011 年起，我国在北京、天津、上海、重庆、湖北、广东和深圳等七个省市开展了碳排放权交易试点工作，并于 2016 年由福建跟进，成为第八个试点。试点结果表明，组合了强制市场和自愿市场的交易模式效果良好。重点排放企业被纳入强制性碳排放配额体系，而自愿减排市场则被鼓励和支持。前者交易的是碳排放配额，而后者交易的是经过核证的碳减排量。2021 年 7 月，全国碳排放权交易市场正式启动，初步覆盖 2162 家电力企业，涉及大约 45 亿吨 CO_2e，是全球覆盖量最大的碳市场。国务院办公厅《关于完善集体林权制度的意见》进一步鼓励林业碳汇项目产生的减排量参与温室气体自愿减排交易，促进碳汇进入碳交易市场。生态环境部发布的《碳排放权交易管理办法（试行）》第四十二条规定，国家核证自愿减排量是指对我国境内可再生能源、林业碳汇、甲烷利用等项目的温室气体减排效果进行量化核证，并在国家温室气体自愿减排交易注册登记系统中登记的温室气体减排量。此外，存在着针对具体地区的多种林业碳汇项目，例如福建林业碳汇抵消机制（FFCER）、广东碳普惠抵消信用机制（PHCER）、北京林业碳汇抵消机制（BCER）等（朱婧，2023）。

不是所有的林地都可以开发林业碳汇项目，只有符合方法学要求的林地才可以参与林业碳汇项目开发。项目实施前，须向相应的主管部门申请备案。采用国家备案方法学的项目，需报生态环境部备案，碳汇量可通过全国碳排放权交易市场进行交易。符合地方试点要求的项目，可向省市级生态环境主管部门备案，并在地方碳市场或自愿减排平台上交易。未完成备案的项目，其碳汇量不得进入任何碳市场交易体系。林业碳汇项目开发还必须符合条件。以 CCER 为例，第一，时间要求：2005 年 2 月 16 日后实施的林业碳汇项目。第二，类型要求：不属于湿地或有机土。第三，地域要求：碳汇造林（含竹子造林）项目必须是在无林地上实施的造林项目，在采伐迹地、火烧迹地上的造林都不能列入碳汇造林项目。森林经营碳汇项目必须是人工林。第四，额外性要求：通过碳汇项目实施产生的碳汇量高于基线碳汇量的情形，且这种额外的碳汇量在没有拟议的林业碳汇项目活动时是不会产生的。

二、林业碳汇交易的构成要素

（一）林业碳汇交易法律关系当事人

1. 林业碳汇交易法律关系主体

林业碳汇交易法律关系主体包括买方和卖方。国际林业碳汇非自愿市场交易是以国家为主体资格的，整个碳汇市场中，碳汇的买方只能概括为《京都议定书》附件 I 各国政府以及世界银行碳基金，卖方主要是发展中国家。在国内，实际的碳汇交易市场购买者应该主要指企业。许多企业相信温室气体减排必定会实施，并且未来的二氧化碳减排成本必定是高昂的，因此为了规避风险和在市场交易中占居主导地位，积极参与到当前的碳汇市场交易中。实际碳汇交易提供者一般是森林的所有者或经营者，对中国来说他们可能是个体农户、集体林场、国有林场以及其他拥有或经营森林资源的个人、企业及其他实体(邹丽梅，2010)。林业碳汇交易符合传统民法理论，遵循合同法是其首要的应有之义。

(1)法定权利。对于出卖人来说，最主要的法定权利是要求买受人依约支付价款的权利。其次，出卖人还应当具有要求买受人接受林业碳汇经核证减排量交付的权利。对于买受人来说，其最主要的法定权利是要求出卖人依照合同约定交付林业碳汇经核证减排量的权利。最后，要求作为项目业主的出卖人将买受人列为项目参与方，也是买受人的法定权利。按照《民法典》合同编关于合同履行过程中当事人享有的权利的规定，双务合同当事人一方在符合法定条件的前提下可以享有并行使抗辩权，具体包括同时履行抗辩权、先履行抗辩权和不安抗辩权。

合同的当事人在满足法定条件的前提下还应当享有解除林业碳汇交易合同的权利。法定解除权能够在合同未设定约定解除权或约定解除的条件不能覆盖全部解除条件时，发挥调整合同法律关系的作用。正常来讲，合同的解除是对双方当事人利益的一种保护，是双方都可以通过法律的规定、提前对解除权的设定以及事后达成的一致解除的约定，来解除合同对自己方的约束的一种权利。但是如果双方当事人在经济实力、信息掌握等方面出现不对等情况时，应该更倾向保护处于弱势一方解除权的行使。如在特许经营合同中，现行法规就赋予了处于弱势一方的被特许经营人享有单方解除合同的权利，以保证其不被特许人拉入一个不可解除的困境。因此，我们也有必要在立法当中明确林业碳汇交易合同的法定解除权。目前，实践中的国际核证减排量购买协议模板合同中设定的"违约事件"条款，基本囊括了《民法典》合同编法定解除权适用的情形。

(2)法定义务。出卖人最主要的法定义务应当是按照合同条款的要求，向买受人交付项目产生的林业碳汇经核证减排量。具体来说，出卖人应当按照合同当事人约定的林业碳汇经核证减排量交付的方式、时间、数量、质量等特定要求，向买受人交付林业碳汇经核证减排量，转移林业碳汇经核证减排量的所有权至买受人。

2. 林业碳汇交易法律关系客体

在法学理论上，法律行为的客体应该指法律关系中主体的权利和义务所指向的对象。林业碳汇交易的客体应为林业碳汇的核证减排量，在《京都议定书》中，量化为京都减排单位，即某一组织为完成京都协议规定的排放限制承诺而使用的单位。对于现有的森林来说，由于其生态效益的外部性，使得碳汇成为"公共物品"，没有明晰产权。在《京都议定书》的大背景下，那些必须获得较大空间排放二氧化碳的部门和单位就必然通过有偿购买方式获得其必须的排碳权。这样已在国际上与排碳权挂钩的林业碳汇必然成为一种财产。就国家环境管理而言，涉及整体的森林资源；就单个的林业碳汇交易而言，是特定化的林业碳汇，拥有林业碳汇就有了财产权利。林业碳汇作为法律关系的客体时，还应该具有相当的确定性和具体性。

3. 林业碳汇交易第三方

碳汇交易第三方主要是碳汇交易的经纪人和计量认证机构。经纪人的主要作用是寻找合适的碳汇供给方和购买者。计量认证机构是由清洁发展机制执行理事会指定的审议核查机构，主要任务是分析碳汇项目和基线设计的可行性。笔者认为，对于经纪人在法律上应有如下限制：首先，经纪人提供的是订立合同的机会或者订立合同的媒介服务；其次，经纪人须按委托人（买方委托或者卖方委托）的指示和要求从事活动；再次，经纪人须是专事此项业务的人，具有相应的民事行为能力，并且对鉴定结果的真实性和有效性承担法律上的责任；最后，对于经纪人收取的费用，应考虑是否促成了林业碳汇合同的订立。如果林业碳汇合同订立，则经纪人可以要求一方或者双方支付提供订立林业碳汇合同机会或者媒介服务的报酬，而对经纪人在促成合同订立过程中所支出的交通费、食宿费、公告费、印刷费、鉴定费等必须费用由经纪人自己承担，因为这些费用已经包含在促成合同订立的报酬里了。如果经纪人没有促成合同订立，则他可以根据约定，要求一方或双方支付相关费用，而不能要求支付报酬。

(二)林业碳汇交易法律行为

1. 林业碳汇交易法律行为的生效

林业碳汇交易法律行为的成立与普通民事法律行为一样，都需要经过要约和承诺两个阶段。成立后我们需要考虑民事法律行为是否生效。林业碳汇交易生效要件应当包括：一是当事人的行为能力。政府代表国家签订林业碳汇交易的行为能力应当以《京都议定书》的规定为准，自愿市场主体的行为能力应符合民法对自然人、法人行为能力的要求。二是意思表示的真实性。这是民事法律行为生效的基本规定。林业碳汇交易法律行为中当事人虽不具有完全的意思自由(因为要受到相应法规的限制)，但林业碳汇交易法律行为的生效仍须是双方当事人公正协商的结果，存在欺诈胁迫等意思表示不真实的林业碳汇交易是可撤销的。三是交易内容的合法性。即交易符合国家现行法律的规定或不与现行的法律相抵触。如果交易中存在恶意串通、损害他人利益的民事法律行为，以合法形式掩盖非法目的、损害社会公共利益的法律行为，以及违反法律、行政法规的强制性规定的法律行为，则交易无效。林业碳汇交易关系到第三人利益或公共利益，因此其交易内容还必须符合我国公共利益的目标，不得与我国的公共秩序相抵触。四是特殊的生效要件，交易所附条件的成就或期限的到来等特殊生效要件，也同样适用于林业碳汇交易行为(洪倩倩，2017)。

2. 林业碳汇交易的订立与变更

林业碳汇交易合同与普通民事合同的成立生效要件基本一致，准用《民法典》合同编的相关规定。林业碳汇交易合同生效也应当包括以下要件：首先，合同当事人需具备相应的行为能力。依据我国《民法典》，行为能力主要根据年龄和智力进行划分，这是所有合同成立对主体资格的基本要求，否则交易合同可能会成为效力待定合同。其次，当事人需具有真实的意思表示。如果不具有真实意思表示，则可能构成意思表示瑕疵，包括意思表示的构成具有欺诈、胁迫、重大误解、乘人之危等行为，成为可撤销合同。再次，合同的内容不能违反法律和行政法规的强制性规定及社会公共利益。此项要求是国家从公序良俗的原则考虑，对合同效力进行的原则性约束。林业碳汇交易合同需要指定国家主管机构批准才能生效，这也是林业碳汇交易合同生效的特别要件。

从合同法理论来划分，合同的变更分为内容的变更和主体的变更。其中内容的变更为狭义角度的变更。较普通民事合同而言，林业碳汇交易合同承载了更多的公共利益元素，在实现合同当事人双赢目的的同时，还承载着应对全球气候变化、促进项目东道国可持续发展的使命。因此，我们认为林业碳汇交易合同的内容变更应当受到一定程度的限制。林业碳汇交易合同的林业碳汇经核证减排量的价格、预计减排量的转让期限（相当于碳汇交易总量）是项目审核理事会重点审核的内容。事实上，项目审核理事会的审核意见对于指定国家主管机构的最终批准决定具有极为重要的参考意义。此外，相关规范性文件要求，碳汇项目所涉及的交易还需要经国家气候变化主管部门批准。可见，有关林业碳汇经核证减排量价格及转让总量的条款是林业碳汇交易合同的重要内容，林业碳汇交易合同当事人对上述林业碳汇交易合同条款的变更，应当经过指定国家主管机构的批准。

从合同主体而言，合同主体的变更并非合同法定义的狭义变更，而是广义上的合同变更。林业碳汇交易合同出卖人的合同义务转让以及权利义务概括转让应当受到一定限制。一般而言，出卖人的主要法定义务是交付清洁发展机制林业碳汇项目所产生的林业碳汇经核证减排量。出卖人之所以能够成为出卖人，是因为其取得指定国家主管机构准许从事清洁发展机制林业碳汇项目的"行政许可"，是"行政许可"赋予了私人实体从事清洁发展机制林业碳汇项目并签订清洁发展机制林业碳汇交易合同的权利。但依法理，"行政许可"是不能随意转让的。在项目的国内审批阶段，项目审核理事会进行审核的具体内容中，重要一项便是项目参与方的资格。因此，如果允许出卖人自由地转让其合同义务或者概括转让合同权利义务的话，项目审核理事会的审核将失去实际意义。如果义务的受让人没有从事相应林业碳汇项目的企业资质，合同义务转让以及权利义务概括转让将极可能导致清洁发展机制林业碳汇项目的失败。因此，林业碳汇交易合同出卖人的合同义务转让、合同权利义务概括转让应当符合法定条件，并经过指定国家主管机构批准。

(三) 林业碳汇交易的内容

1. 林业碳汇交易的价格

交易价格包括市场调节价、政府定价和政府指导价。市场调节价是价格的基本形式，但国家为了社会公共利益，也对少数商品的价格进行直接干预，制定政府定价和政府指导价。政府指导价是指依照《价格法》的规定，由政府价格主管部门或者其他有关部门，按照定价权限和范围规定基准价及其浮动幅度，指导经营者制定的价格。林业碳汇的交易价格决定着碳汇交易双方的利益分配和生态效益补偿的计算，因此林业碳汇不能按照一般商品的交易原则进行，应执行政府指导价。但政府对于林业碳汇交易指导价不能用同一个价格尺度标准来进行，应结合不同区域的实际情况，根据碳汇项目对当地社区生活的改善程度、生物多样性保护好坏、造林成本等因素条件，来综合确定不同区域林业碳汇的指导性价格 (孙添，2019)。

2. 交易的履行方式

林业碳汇交易的履行方式主要分为三种：事前交易、按年交易和事后交易。事前交易即在项目实施前，买方 (或投资者)提供全部项目资本或支付约定的总碳汇价格，从而先行履行付款义务，这样买方便成为项目的实际碳汇所有者，并全程参与项目。按年交易则是基于项目每年实际增加的林业碳汇量和双方商定的价格，由买方进行年度支付，此种方式需要双方同步履行义务。事后交易指的是卖方自行设计、申请、筹资并执行林业碳汇项目，在获得核证的减排量 (CER)后，再去寻找愿意购买碳信用的买方进行交易，即卖方具有先履行义务 (王爱霞，2012)。不同履行形式中各主体分别享有《合同法》不同的抗辩权。事前交易中投资方享有不安抗辩权，按年交易中双方当事人都享有同时履行抗辩权，事后交易中买方享有先履行抗辩权。

3. 明确各主体之间的利益分配

(1)关于交易中风险的分配。风险是交易标的物由于不可归责于双方当事人的事由毁损、灭失所造成的损失。在买卖合同中，标的物毁损灭失风险转移的基本规则是从交付开始转移。碳汇交易中森林的生长周期较长，林业生产经济效益还会受到病虫害等因素的限制而呈现出较大的不确定性。在这期间，国际碳汇市场可能发生很大变化，如果按《合同法》的基本规则把交付定义为项目履行期届满时，那么在履行期届满时碳汇林的风险才发生转移，这意味着卖方在长达几年至十几年的期间内都要承担森林毁损、灭失的风险，使卖方风险过大。

（2）关于交易生效之前的审批风险。如果双方已有订立交易的意向，那么在交易生效之前的审批风险应该由双方合理分担，正如技术合同中的委托技术开发合同，技术风险如果在双方没有约定的情况下，应由双方合理分担。对于这种双方认为可以获得审批而最终没有获得批准的风险，是双方都应承担责任的风险，不应由单独一方来承担。

（3）关于报酬的风险负担，我们可以参照租赁合同中关于报酬风险负担的规定。在林业碳汇项目运行过程中，一旦发生风险导致合同无法履行，卖方应返还买方已支付的价款，买方应配合完成碳汇量的核证或解除相关义务。那么返还时是否要返回已经支付的，还是对于未支付的不再支付，这是需要我们讨论的。笔者认为，费用的风险负担不具有溯及力，即已经交付的价款不再返还，没有交付的价款可以不再交付。

关于政府与项目实施主体间的利益分配机制问题，笔者主张：基于森林生态效益补偿的社会公共利益属性，税费制度设计需综合考虑其生态功能价值与社会效益外溢特征。建议构建差异化税收调节机制，对参与生态补偿项目的市场主体实行梯度化税率优惠及专项税费减免政策，通过制度性激励强化各方主体的持续参与动力。

4. 交易的责任承担

违约责任是民事责任的一种，是指在合同有效成立以后至履行完毕之前，一方不履行或履行不符合约定而应承担的民事责任，是约束当事人全面地、正确地、严格地履行合同的法律机制，也是对当事人具有一定担保作用的约束机制。林业碳汇交易合同的违约责任与普通民事合同违约责任的构成要件、归责原则、赔偿范围和承担违约责任的方式大致相同，可以直接使用《民法典》中关于违约责任的规定，也可以约定承担违约责任的形式、范围，以及免责事由。

对于林业碳汇这种具有多重意义的项目而言，合同违约方"继续履行"有利于促成应对气候变化的合同目的的实现。出卖方的继续履行，不仅纠正了自身的违约行为，避免了买方的经济损失，又保证了林业碳汇项目的实施，进而保证了项目经济、环境、社会等多重效益的实现。因此，继续履行的存在，有助于清洁发展机制林业碳汇的发展。同时林业碳汇项目是一个充满风险的项目。出卖人可能会因自然原因导致的生产失败或者林业碳汇经核证减排量的签发失败等原因，无法依照合同的约定向买受人交付林业碳汇经核证减排量，导致出卖人交付失败情况的出现。将替代履行确定为违约责任的承担方式，有助于与国际碳排放权交易实践接轨。因此，将替代履行作为林业碳汇交易合同违约责任的法定承担方式有利于林业碳汇交易目的的实现。

法律上违约责任承担主要包括实际履行、支付违约金、赔偿损失和定金罚则四种主要方式，及修理、重作、更换、退货、减少价款或报酬等补充方式。违反林业碳汇交易也构成一种违约责任，其违约责任承担与普通违约责任承担不完全一致。我国法学理念强调违约责任的承担方式要首先考虑能否采用实际履行，因为实际履行是最能体现实现交易目的的责任承担方式。然而森林资源的技术性、复杂性决定了其多变性，极易使实际履行变得不可能或不符合交易的目的。而且经常在林业碳汇交易中规定解除交易的优先权也限制了实际履行原则的适用。此外，损害赔偿是一种法定的违约责任承担方式，一般采用金钱赔偿方式。这是因为民事合同多以获取经济利益为目标，金钱补偿符合其获得利益的目标，且具有方便易行的特点，然而林业碳汇交易除追求经济利益外，很多情况下以获得环境利益为目标，一旦其权利受到损害，不仅经济赔偿无法完全弥补，也很难有其他合适的赔偿方式。因此，在林业碳汇交易中的违约责任承担方式还可以采取替代履行的承担方式。

5. 交易的争议解决

根据《合同法》的规定，合同争议解决的常规方法有调解、仲裁和诉讼。首先，调解是一种不具有法律强制执行力的方式，所以不适合具有涉外因素的林业碳汇交易。其次，民间仲裁也很难达到林业碳汇交易争议解决所要求的权威性和公正性。一方面，民间仲裁不宜对林业碳汇交易中体现的国家意志进行约束；另一方面，对政府参与的行政仲裁制度，在政府本身是林业碳汇交易一方当事人的情况下，很难做到公正。而国际商事仲裁可以克服民间仲裁的缺陷，是一种可以选择的纠纷解决途径。再次，诉讼是一种有效的纠纷解决方式。通过司法权威确保对争议的公正处理。一方面，基于林业碳汇交易双方当事人是一种合同关系，近似于平权关系，因此既可以以民事诉讼制度为基础，设计专门的适用于包括林业碳汇交易纠纷在内的环境资源合同纠纷的诉讼制度；另一方面，可以在民事诉讼制度之外，附加若干包括林业碳汇交易纠纷在内的关于环境资源纠纷的不同于普通民事诉讼程序的特别规定。

三、林业碳汇交易制度

森林的碳汇功能具有典型的外部性特征，这种外部性问题的最有效解决方式，是通过市场手段对森林提供的这种应对气候变化的公共产品予以补偿，但是对于林业碳汇本身来讲，自发的市场手段是缺失的。虽然京都规则下的林业碳汇交易为各国建立基于林业碳汇的碳排放权交易制度提供了可借鉴的模式，但是京都规则下的林业碳汇交易范围狭窄、项目注册难度较大、交易成本较高，因此其在林业碳汇交易的市场中所占比例注定会受到限制。我国基于林业碳汇的碳排放权交易制度的设计，既要借鉴京都规则的林业碳汇交易，也要结合我国的国情。从制度设计的角度考虑，基于林业碳汇的碳排放权交易制度应当从林业碳汇交易的法律地位、林业碳汇交易的主体、林业碳汇交易的总量控制以及林业碳汇交易配额的初始分配等几方面予以构建。

(一) 确认林业碳汇是合法的减排交易方式

尽管《联合国气候变化框架公约》和《京都议定书》都确认了"吸收汇"在应对气候变化中的战略地位，但是其作为第一承诺期的合法减排方式却备受争议，直到各方在《波恩政治协议》中同意以清洁发展机制下的造林再造林项目进行林业碳汇交易。这从一个方面说明，通过林业碳汇交易进行减排只有经过法律赋予其减排的合法地位，才能进入碳排放权交易领域之中。我国基于林业碳汇的碳排放权交易制度设计，其首要任务是通过立法承认可以通过林业碳汇的形式折抵减排主体的法定减排指标，这就为林业碳汇进入碳排放权交易设置了合法的效力。确认林业碳汇减排交易是合法的减排交易方式，一方面，使全社会对林业碳汇服务的需求转化为"经济人"的个人需求；另一方面，使林业碳汇服务的公共产权既可以量化到个人又可以转让。如果林业碳汇不能成为合法的减排交易方式，其产生的直接后果将是林业碳汇的市场需求不足，也会使得林业碳汇这种应对气候变化的公共产品的外部性问题不能得以解决，因为当碳政策有利于林地价值增加时，人们将用森林替代其他的土地利用方式。我国在 2020 年以前都不承担国际上的强制减排任务，这也使得我国之前的减排都是出于国内层面的，而国内部分企业的减排更多的是出于企业社会形象和企业环境责任的考虑，而非出于国家分解削减排放量的要求。但如果没有法定的减排义务，自愿减排的市场是难以保证的，因为在自愿的基础上，就会导致林业碳汇需求不足，因此将林业碳汇确定为合法的减排交易方式之一，是将减排主体对林业碳汇的潜在需求变为现实需求的首要前提。另外一个值得注意的问题是，林业碳汇交易不应当成为碳排放权交易中的主体交易方式，而应作为碳排放权交易中一种补充性质的交易。这主要源于两方面的思考：一方面是由林业碳汇减排自身性质所决定，林业碳汇减排由于在计量方面存在不确定性因素，使得其减排效果不像工业减排效果直接明显，而且承认林业碳汇减排本身会削弱工业减排的实质减排量；另一方面，《京都议定书》所确立的履约三机制都是作为国内减排的补充手段出现的，而且京都规则下的林业碳汇交易又是以清洁发展机制下的项目形式出现的，为使我国的碳排放权交易制度与国际接轨，林业碳汇交易应该作为碳排放权交易的补充形式出现。

(二) 确定林业碳汇交易的法定交易主体

碳排放权交易的一般主体应包括出让主体和受让主体，出让主体应该是符合国家法律规定、依法取得特定的碳排放权并拥有富余碳排放权许可证的那些企业，而受让主体则应当是具有减排需求而自身无法完成或不愿通过技术创新实现减排目标的企业。林业碳汇交易的主体与一般的碳排放权交易主体有所区别，在林业碳汇交易中，交易主体应当视交易情况而作区分。一种情况是企业与林业碳汇经营者的直接交易，其出让主体是林业碳汇的经营者，而受让主体则是需要减排或有强制性减排指标的企业；另一种情况是企业与企业之间先就林业碳汇减排配额进行交易，这与一般的碳排放交易较为类似，取得了较多林业碳汇减排配额的企业再与林业碳汇经营者进行交易。总体而言，一般的碳排放权交易主体双方都是具有减排义务的企业，而林业碳汇交易的主体一方是有减排义务的企业，而另一方则是林业碳汇的提供者，其自身并没有减排义务。目前，中国的碳排放权交易主要停留在自愿交易阶段，强制市场仍在筹备中，使得碳排放权交易制度的全国推广面临一定挑战。合理的做法是先行在部分地区开展试点工作。在试点阶段，应限定参与强制市场的碳排放权交易的主体范围，以此验证强制市场运作的科学性和有效性。全球建立的碳排放权交易市场显示，参与市场的企业通常以行业为基准来确定减排责任。例如，欧盟委员会在 2001 年公布了建立欧盟温室气体排放权交易制度的框架，并决定从2005 年起启动交易制度，起初涵盖五个行业：发电、炼油、钢铁、建材以及纸浆；美国芝加哥气候交易所于 2003 年 1 月开业，首批成员涉及汽车、化工、电力、电子、制药和半导体等多个行业。中国在进行试点碳排放交易时，也应以行业作为参与主体的确定标准，且应限制在电力、化工等高耗能、高排放行业。

（三）实行林业碳汇交易的总量控制

环境容量是建立排放权交易制度的关键。在碳排放交易制度中，环境容量指允许企业排放的总温室气体量。这一概念源自《联合国气候变化框架公约》，其目标是将大气中的温室气体浓度控制在不会对气候系统造成危险的人为干预水平上。虽然这个目标很理想，但在实际操作中存在难度。具体来说，通常会设定一个减排总量作为控制目标，并据此对各企业和地区分配强制性减排任务。不同的企业和地区减排策略成本各异，企业可以通过市场交易将合法的剩余减排量出售，以最低成本实现减排。碳排放总量规定应包括工业和林业碳汇两部分。其中，林业碳汇是指可核实的森林碳吸收量，即可交易的林业碳汇总量。林业碳汇在碳排放总量中的比重应有所控制，原因有二：一是国际上对林业碳汇量设有上限，为了保证我国碳信用的国际认可，不宜设定过高比例；二是试行强制性减排市场需要时间验证交易规则的有效性。基于确定的减排总量，将林业碳汇配额初始分配给企业。企业根据自身情况可能不直接与林业碳汇经营者进行交易，而是可能通过技术创新超额完成减排任务，并将多余的林业碳汇减排配额转让给其他有减排需求的企业。因此，可能会有企业拥有较多的林业碳汇减排配额。为避免这一情况，林业碳汇交易中应设定每个企业的最大交易限额，以促进企业通过技术创新实现实质性减排。

（四）林业碳汇交易配额的初始分配

初始分配林业碳汇交易配额直接关系到减排单位的经济利益，对碳排放的配置效率产生重要影响。确立林业碳汇交易配额分配机制，应遵循公平原则和碳汇平衡原则。目前，排放权初始分配主要包括政府无偿分配和有偿分配两种方式。无偿分配由行政机构按标准将配额分配给企业，免除了企业获取初始分配权的成本，由于不增加企业成本且可增加资产，因而易于获得企业接受并推行。有偿分配方式又包括定价出售和拍卖两种。定价出售使排放成本内生化，符合污染者支付的原则，有利于企业间公平竞争和政府收入增加。拍卖方式则更注重分配效率，通过市场竞争实现资源的最优配置。政府定价和拍卖可能会增加林业碳汇交易的成本，且价格不一定反映真实的市场价值。对我国初步实施林业碳汇交易的情况而言，不宜增加企业负担。在初始分配时，可借鉴欧盟经验，至少95%的配额无偿分配给企业，剩余5%可采用拍卖方式。在无偿分配中，可将企业历史排放量和自愿减排参与程度作为参考条件。有偿分配时，则应结合定价出售和拍卖，以助推林业碳汇交易市场成熟。

（五）建立强制性减排约束机制

国内林业碳汇交易机制的建立，亟须以强制性减排约束为前提条件。若缺乏此类制度保障，企业将缺乏投入资金获取实际有效碳排放权额度的经济动力，而仅满足于塑造象征性的环保形象。因此，要实现林业碳汇交易的可持续发展，关键在于国家制定温室气体强制减排约束机制。制定强制性减排约束机制，首先，需建立科学规范的林业碳汇计量体系。作为碳交易的基础要件，精准量化林业碳汇能力是开展生态价值评估、制定林业发展规划及设定减排目标的重要依据。具体而言，需要通过系统化的方法学开发，结合遥感监测、地面调查等技术手段，构建覆盖全国范围的碳汇动态监测网络。其次，应完善碳排放权配额分配机制。在初始配额分配阶段，建议采取"基准线法"与拍卖机制相结合的模式，依据区域总量控制目标及行业排放基准值，科学核算不同主体的配额指标。对于林业企业而言，可考虑基于历史经营数据与生态服务贡献度进行差异化分配，同时建立配额储备池用于市场调节，并通过碳金融工具创新激发市场活力。再次，对强制减排进行项目管理。确定减排温室气体种类，主管强制减排的部门及权力，参与强制减排的单位和个人，必须强制减排的项目类别，实施强制减排管理的备案、审核、审定等工作程序，以及不实施强制减排的法律责任。最后，强制减排约束机制的推行必须以全民碳信用法律制度为前提。全民碳信用制度就是给每一位公民，尤其是碳排放大户或者有强制减排义务的人建立个人碳信用账户，如果不能完成减排要求则需要购买碳信用以折抵减排义务，并将每次购买的碳信用换算成积分，用积分的方式更容易直观地表示减排完成情况，积分可以累加，也可以作为企业取得某种资格或荣誉的条件，以此鼓励减排义务人积极参与碳汇交易。全民碳信用制度最终需要以法律的形式建立，以增强其执行力。

(六)建立一整套林业碳汇交易标准

林业碳汇交易需要一整套完整的标准来实现判定、计算、检测和检查碳汇储备的功能。作为虚拟交易对象的碳汇，不具有成型的物质形态，也不属于凝结智力成果的知识产权，因此要判定其是否存在，存在多少，在造林和森林管理中又泄露和获得多少，森林产品又储备多少，这些具体的数据是进行林业碳汇交易的基础，计算并检测出储碳量，需要一套科学规范并与国际接轨的标准体系。目前国际上已有一些有关 CDM 造林再造林项目活动的基线方法学与监测方法学及适用工具的标准，我国也在碳汇造林试点工作的基础上，分步开展了相关标准的修订和编制工作。但是科技在不断地进步，测量和方法学也必然要求随之改进。从国际上看，哥本哈根第十五次缔约方大会认可 REDD 机制后，在标准制定方面，国际社会更加重视通过森林管理增汇减排及林产品储碳等标准体系的研究和制定。从国内看，应扩大可建设碳汇项目的森林范围，满足全国林业碳汇达到可测量、可报告和可核查的要求，推动林业碳汇更多地加入国家碳减排交易体系中。将标准规范具体化，包括制定造林技术标准、碳汇计量与监测标准、林业碳汇项目审定核查标准，编制森林经营增汇减排技术规程，修订现行林业碳汇交易标准和规则，整合林业碳汇项目方法学，等等。对于我国制定的在国际上处于领先地位的国家标准，可以进一步升级为国际标准。

（七）创新林业碳汇交易金融机制

碳融资，一般是指为限制温室气体排放的金融活动，包括直接融资、银行贷款、碳金融衍生品交易、碳交易和碳指标交易中介服务。我国目前的碳金融业务仅涉及 CDM 项目融资、核准减排量的交易和相关的金融中介服务。对于林业碳汇交易金融机制，要积极拓展中介服务和项目开发业务，加大碳汇金融中介的作用，拓展碳排放权及其衍生品的交易和投资及低碳项目开发的投融资活动，促进林业碳汇交易发展。

第二节　林业碳汇交易面临的主要法律问题

开展林业碳汇交易，对林农而言，面临多项挑战。主要体现在以下几大方面：

一、林业碳汇交易运行法律规定不足

林业碳汇活动能否健康开展，在很大程度上取决于规制林业碳汇活动的法律制度是否健全、林权权属是否明晰。总体来看，我国的林业碳汇法治建设尚处于起步阶段，现有法律规范无法对林业碳汇实践中的各方面问题做出充分回应，进而制约了林业碳汇事业的快速、有序开展。

第一，我国现行法律并不能解决林业碳汇项目业主取得经核证减排量的法律依据不足的问题。

首先，林业碳汇不太适用《民法典》中关于物权的规定。林业碳汇交易本质上是一种民事买卖合同，作为合同标的物的林业碳汇经核证减排量的所有权归属也应当是明确的。根据我国现行法律规定，在法律层面确认林业碳汇项目产生的经核证减排量的所有权归属的前提，是经核证减排量在法律上可被确认为物权客体。然而，林业碳汇项目业主获得的经核证减排量不适用现行《民法典》对"物"的定义。林业碳汇经核证减排量是一种不能为人体所感知的无体物，不属于有体物范畴，因此，林业碳汇经核证减排量不是现行《民法典》物权的客体，无法被纳入物权编的规范体系。

其次，在林业法治领域，虽然《森林法》是我国林业活动的根本性法律规范，但其立法进程与林业生态功能拓展存在明显时滞。我国《森林法》自1984年颁布以来，先后经历了1998年、2009年、2019年三次重要修订，特别是2019年新修订的《森林法》增设了森林资源保护发展、生态修复等新制度。然而，受制于立法当时的制度环境和技术认知局限，现行《森林法》及其配套法规尚未系统构建林业碳汇的法律规则体系。值得注意的是，造林再造林活动虽早在2003年《波恩政治协议》中被确立为《京都议定书》第一承诺期清洁发展机制（CDM）项目类型，但直至2020年修订的《森林法实施条例》依然未对林业碳汇、碳汇林建设及经核证减排量（CERs）等概念作出明确定义，相关制度设计更显缺位。这种立法滞后性导致现行林业法制体系难以对碳汇交易机制、碳汇权益确认等新兴领域提供充分的法律支撑。

再次，林业碳汇不太适用《民法典》中关于合同的规定。林业碳汇经核证减排量属于无体物，不符合买卖合同关于标的物的要求。因此，从学理上说，林业碳汇交易不应当适用《民法典》合同编"买卖合同"的规定。电、气、热力等自然力与林业碳汇经核证减排量一样都不属于《民法典》物权编中"物"的范畴，但是，电、气、热力等自然力已经被人类利用科学技术所掌握控制，并且与人们的生产和生活息息相关，被列入有名合同范畴。买卖合同标的物交付是通过实物交付的形式实现的，林业碳汇经核证减排量的交付不完全符合实物交付的规定。因此，《民法典》合同编虽然可提供基础性规则，但林业碳汇交易标的的特殊性要求更细致的法律适配，需通过特别法或司法解释填补空白。

第二,《清洁发展机制项目运行管理办法》(以下简称《管理办法》)由国家发展改革委于 2005 年制定,并于 2011 年进行修订完善。该办法作为我国清洁发展机制(CDM)领域的重要规范性文件,存在法律位阶不足等问题,难以有效发挥为林业碳汇发展提供制度保障的作用。

首先,从立法层级看,《管理办法》作为国务院部委制定的部门规章,在法律体系中仅具有执行性规范地位。这种较低层级的立法属性使其在制度设计中面临明显局限:既无法突破上位法框架创设新型权利义务关系,也难以对涉及多重利益主体的林业碳汇项目进行系统性规范。从行政许可设定的争议方面看,《管理办法》原设"许可条件"专章,通过设置项目审批、核证减排量签发等行政许可事项,构建了较为完整的项目管理流程。2011 年修订虽删除该专章,但仍保留"许可条件"相关条款。《行政许可法》第十五条明确规定了可以设定行政许可的情形,其中并未赋予国务院部门规章设定行政许可的权力,且第十七条进一步强调,除法律、行政法规、国务院决定、地方性法规和省级人民政府规章外,其他规范性文件一律不得设定行政许可。由此可知,部门规章不得设置行政许可。从法律后果分析,《管理办法》超越法定权限创设的行政许可制度,已对林业碳汇市场产生实质性影响,项目业主依据该许可开展的活动面临合法性困境,由此产生的碳汇交易合同效力存疑。根据《民法典》规定,此类合同属于效力待定状态,需经有权机关追认方能生效。

其次,《管理办法》缺少关于技术转让的规定。《管理办法》第四条指出清洁发展机制项目合作应促进气候友好技术转让,但是《管理办法》只是进行了原则性的规定,缺乏具体的有关技术转让的审批标准和操作程序。"清洁发展机制中项目合作双方缺乏统一的制度约束,是导致技术转让难以实现的根本原因"。在清洁发展机制层面确立专门的技术转让制度,不是某一个或几个缔约方国家的努力就能实现的,需要依靠《联合国气候变化框架公约》各缔约方国家长期的、共同的努力才有可能实现。如果我国提高清洁发展机制项目的气候友好技术的转让标准,在短期内会降低我国清洁发展机制项目的增长速度,减少我国从清洁发展机制项目中获取的经济收益。但是从长远来看，这种以项目质量换项目数量的做法能够为我国的可持续发展带来所需要的先进技术，大幅度地促进我国生产技术的革新。因此，立法者应当制定更高法律位阶的法律规范来确定清洁发展机制项目的技术转让标准，以保障清洁发展机制项目能够真实、有效地促进我国的可持续发展。

二、缺乏林业碳汇交易的专门立法

目前，《管理办法》是我国唯——部全面规制清洁发展机制项目的法律规范，是清洁发展机制项目领域的基本法。而林业碳汇项目虽然与甲烷回收利用等工业减排项目同为清洁发展机制项目，但林业碳汇项目是基于森林吸碳的自然属性来实现碳汇功能，与清洁发展机制中的工业减排项目存在着很大差异。林业碳汇项目可能会对项目所在地的生物多样性产生不良影响。现行《森林法》中没有关于"碳汇"的相关条款。清洁发展机制林业碳汇项目的载体是碳汇林地，林业碳汇项目必然涉及《民法典》、《土地管理法》和《农村土地承包经营法》中过于零散的国有林地使用权或者农村集体林地承包经营权的取得问题。缺乏规制林业碳汇项目的特殊性的法律规范，可能会引起清洁发展机制林业碳汇项目运行的混乱，削弱其多重效益的实现。

我国颁布了很多关于森林资源保护、利用与管理的法律法规，但由于林业碳汇是新生事物，关于林业碳汇交易方式、交易规则、交易风险管理、交易争议处理等一系列事务尚处于"无法可依"的状态，制约着林业碳汇交易的进一步发展。2015年，国家发展改革委启动了《全国碳排放权交易管理条例(草案)》的起草工作，该草案曾于2016年公开征求意见，但因政策调整、立法程序复杂等原因，正式版尚未发布。作为替代性政策，2020年12月，生态环境部发布了《碳排放权交易管理办法(试行)》，作为全国碳市场运行的临时性规章。2024年2月，国务院发布了《碳排放权交易管理暂行条例》。作为全国碳市场运行的顶层制度设计，该条例是对《碳排放权交易管理办法(试行)》的升级，提升了法律层级。在推进我国林业碳汇交易、管理及推广过程中，我国应通过制定行政法规和规章的方式，率先落实启动林业碳汇项目新机制。我国尚未就"林业碳汇"进行特别立法，没有就这一全新的资源性利益的分配及交易制定详细规则，存在"无针对性立法"及"规范层级过低"的问题。

三、农村集体林碳汇交易"主体缺位"

在我国土地公有制的大背景下，林业碳汇项目既可以在国家所有的碳汇林地上开展，也可以在集体所有的碳汇林地上开展。农村集体林碳汇项目的顺利开展对于促进我国林业碳汇的整体发展而言具有重要推动作用。然而，在现行法律的规制之下，无论林农个人还是农村集体组织，都难以成为农村集体林碳汇项目的合法业主。

为了实现更多的项目收益，同时也为了降低交易费用占项目总投入的比重，实践中的林业碳汇项目往往追求规模化的运作，项目所依附的碳汇林地的面积往往较大。在"分林到户，确权到户"的林业改革政策的作用下，山林往往通过家庭经营承包的方式被分割到农业集体中的一家一户手中，单户林农所拥有林地承包经营权的林地无法满足项目规模化的要求，故解决项目用地规模化与林地分散现状的矛盾的关键在于"林地承包经营权"整合。虽然林地可以通过转包、转让、出租等方式流转，但按现行法律规定，出租形式流转的受让方应当是本集体经济组织农户以外的单位或个人。然而，林农的经济实力往往较弱，无力承担林业碳汇项目的运营费用。并且林地承包经营权是一种物权，而林地租赁权是一种债权。虽然以租赁形式取得林地承包经营权的受让方在符合相关规定的前提下可以在农村集体碳汇林地上开展林业碳汇项目，但是，租赁是一种相对脆弱的法律关系，林地租赁权人只能获得有限的债权保护，不能获得稳定的物权保障。集体土地所有权和集体土地经营管理权分离的模式，在一定程度上消除了集体所有权主体缺位的不利影响。但是，农村集体经济组织和村民委员会也因自身的法律属性问题，而难以成为林业碳汇项目的合法主体。

四、碳汇林林权抵押空间有限

林业碳汇项目规模大、周期长、收益慢，如果没有持续的、充足的资金供应，一般难以顺利地完成其项目周期。因此，解决林业碳汇项目业主的资金问题，增强林业碳汇项目对社会资金的吸收能力，是林业碳汇发展过程中一个亟须解决的现实问题。抵押权具有不转移标的物占有的特点，既可以满足林业碳汇项目业主对抵押物的用益需求，又可以解决林业碳汇项目的资金需求，但是在现行法律规范之下，林业碳汇项目业主通过林权抵押的方式进行融资贷款的空间极为有限。

（一）碳汇林地使用权的抵押

我国的林地使用权可以分为国有林地使用权和集体林地使用权两大类。林业碳汇项目既可以在符合京都规则要求的国有碳汇林地上开展，又可以在符合京都规则要求的集体碳汇林地上开展。

第一，国有碳汇林地使用权的抵押。现行法律中，国有林地使用权的法律属性仍然处于不明确状态，其权能也处于未知状态。国有林场是否有权将国有林地使用权抵押也是一个未知数，不符合现行法律关于"有权处分的"的要求。《重庆市国有林场特许经营管理办法（试行）》指出，国有林场的特许经营不得将国有林场的林权证或不动产权证变更或抵押，以确保国有森林资源不流失。这表明在某些地区，国有林场的林地是不能被抵押的。一般而言，如果规制某项事物的法律规范处于空白阶段，那么，政策往往会对该项事物起到主要的规制作用。因此，在规制国有林地使用权抵押的法律规范出台之前，部分地区关于国有林地的政策实际上"扼杀"了林业碳汇项目业主通过抵押国有碳汇林地使用权实现项目融资的可能性。

第二，集体碳汇林地使用权的抵押。现行法律确认了"四荒地"使用权抵押的合法性。但是，"四荒地"中碳汇林地使用权的抵押应当从项目实施前和项目实施后两种情况讨论。林业碳汇项目应当在符合京都规则要求的无林地上进行。在项目实施前，项目业主可以"四荒地"碳汇林地使用权人的身份，与抵押权人在平等、自愿协商的基础上约定抵押合同内容，签订书面抵押合同，并且办理抵押权登记。而在项目实施后，"四荒地"碳汇林地因项目业主的造林再造林活动而逐渐形成了森林。在这种情况下，"四荒地"碳汇林地使用权的抵押需要重新审视和规范。一方面，森林资源的抵押关乎生态环境保护；另一方面，碳汇权益已成为林地重要价值的组成部分，抵押合同应明确碳汇权益的归属和处置方式。

(二) 碳汇林木的抵押

根据《民法典》的规定，林木的所有权是抵押权的客体，但并未规定林木使用权是否可以抵押，而《森林法》第十五条的规定只是对林地使用权和林木所有权予以认可，未提及林木使用权流转。据此，我们认为林木使用权抵押是林木使用权流转的一种类型，林木的使用权也可以成为抵押权的客体。

第一，国有林地上碳汇林木的抵押。《森林法》第十四条规定，森林资源属于国家所有，由法律规定属于集体所有的除外。国家所有的森林资源的所有权由国务院代表国家行使。国务院可以授权国务院自然资源主管部门统一履行国有森林资源所有者职责。因此，国有林场经营管理的林木的所有权属于国家。与林地使用权一样，我国相关法规和政策并未明确赋予国有林场抵押林木所有权和使用权的权利。国家林业局《关于进一步加强森林资源管理促进和保障集体林权制度改革的通知》(2007 年)和《关于加强国有林场森林资源管理保障国有林场改革顺利进行的意见》(2012 年)明确指出，在国家未出台国有森林、林木和林地使用权流转的具体办法之前不得审批流转国有林场森林资源，在国有林场改革期间，不得以筹集改革资金等为借口以国有林场森林资源对外作价入股、合资合作、租赁、抵押、担保和转让，防止国有林场森林资源流失。除了国家拥有国有林木所有权外，国有林地上林木的所有权主体还包括集体所有制单位、集体、个人。《森林法》第二十条规定，集体或个人承包国家所有和集体所有的宜林荒山荒地荒滩营造的林木，归承包的集体或者个人所有；合同另有约定的从其约定。因此，集体或者个人可以在其所有的林木上设定抵押权。至于林木的使用权，我们认为依照"对私权而言，法无禁止即为权利"的逻辑，上述林木的使用权也可以成为抵押权的客体。由于林业具有强烈的生态效益，关系到国家的可持续发展，因此，《森林资源资产抵押登记办法(试行)》对林木的抵押做了一定程度的限制。

第二，集体林地上碳汇林木的抵押。集体或者个人承包国家所有和集体所有的"四荒地"营造的碳汇林木的所有权和使用权是否可以抵押，取决于碳汇林是否属于《森林法》所定义的"经济林"范畴。需要指出的是，随着林权改革的逐步推进，集体承包集体所有宜林荒山荒地的使用权的情况已经变得很少见了。并且，在《农村土地承包法》的规制下，集体所有制单位只能通过招标、拍卖、公开协商等方式取得集体所有的"四荒地"使用权，进行造林活动。

五、林业碳汇交易项目森林保险不完善

森林保险是一种保险形式，其保险标的包括防护林、用材林、经济林等林木，以及砍伐后尚未集中存放的原木和竹材等。该保险旨在为林木在成长过程中可能遭遇的自然灾害或意外事故所引发的经济损失提供补偿（胡继平，2009）。作为林业风险防范的重要措施，森林保险制度有利于承包户在灾害后快速恢复生产，降低林业投资风险，并有助于优化林业投融资环境，为林业改革和金融创新提供支持。可见，对于林业活动而言，健全的森林保险制度具有极其重要的意义。与其他林业项目一样，清洁发展机制林业碳汇项目也是一种"露天项目"，项目周期长且易因火灾、洪水、雪灾、病虫害等自然灾害而蒙受重大损失。对于这类自然风险的预防，项目业主除了在林业技术层面加强应对外，还可以通过购买森林保险的方式来分散潜在的自然风险。

我国自1984年起就开始了森林保险的试点工作，但仍存在保险机构单一、保险险种单一、手续烦琐等问题。以商业保险的模式运行森林保险是不符合森林保险的准公共物品属性的。因为商业保险是按市场化经营规则收取保险费，森林成长过程中的自然灾害及意外事件等风险造成的损失是巨大的，会造成森林保险费非常高，对普通的林农来讲是无法承受的。如若从林农的可接受程度考虑来降低保险费，市场又无法接受这样低收入、高成本的支出。因此，森林保险需考虑森林效益的公益属性，由政府进行主导和投入，保证林农和保险公司的利益，才能调动各方积极性，推进政策性森林保险的开展和深入。目前，我国政策性森林保险还处于初步试验阶段，尚不能满足包括林业碳汇在内的林业对风险分散的巨大需求。《农业保险条例》是目前我国最主要的规制森林保险活动的法律规范。《农

业保险条例》的规制对象是作为整体的大农业范畴的保险活动，然而，森林保险活动与其他的农业保险活动又存在较大的区别，因此，《农业保险条例》作为森林保险制度的主要法律渊源是不大合适的。我国亟待制定一部专门规制森林保险活动的法律规范，以确立我国的森林保险制度，规范我国的森林保险行为，以促进我国森林保险的发展。

六、林业碳汇项目监督、辅助机构缺乏规范

合格的清洁发展机制林业碳汇项目要经过项目文件设计、项目审批、CER 签发等 7 个阶段，其专业性较强并且运行流程十分复杂。林业碳汇项目一般只有在众多项目辅助机构的协助下，才可能最终完成林业碳汇交易。因此，对于林业碳汇项目而言，项目的辅助机构一般是不可或缺的。同时，清洁发展机制林业碳汇项目的规则非常严格，任何违反项目规则的行为，都极有可能导致项目目标无法实现。

根据辅助机构提供服务的不同，林业碳汇项目辅助机构一般可以分为项目咨询机构和项目中介机构两大类。其中，项目咨询机构主要为清洁发展机制项目提供技术层面支持的服务；项目中介机构的主要业务是挖掘潜在的碳信用交易方，帮助 CER 卖方寻找买方、帮助 CER 买方寻找卖方。我国从事林业碳汇项目咨询业务的机构数量也在不断增加。据笔者统计，中国清洁发展机制网站所列 85 个清洁发展机制项目咨询机构，其中 21 个咨询机构将造林再造林项目列为本机构擅长的领域。但是，林业碳汇项目咨询机构同样存在机构能力参差不齐的问题。由于缺乏相应的监管机制，项目咨询机构市场现状较为混乱，部分项目咨询机构在提供辅助性服务时甚至出现违反《清洁发展机制项目运行管理办法》的行为。对此，国家发展和改革委员会于 2006 年 2 月发布了《关于规范中国 CDM 项目咨询服务及评估工作的重要公告》加以规制。

指定经营实体也是林业碳汇项目的重要辅助机构。由于指定经营实体作为独立认证第三方在清洁发展机制项目中起到极其关键的作用，清洁发展机制执行委员会对其设定了较高的认证标准。清洁发展机制执行理事会认可的指定经营实体数量较少。据清洁发展机制网站数据显示，清洁发

机制执行理事会认可的指定经营实体数量为 42 个，其中有 17 个指定经营实体可以从事林业碳汇项目审定、核查和核证工作；获得执行理事会认可的中国指定经营实体数量为 6 个，其中 3 个指定经营实体具有从事林业碳汇项目审定、核查和核证工作的资格。考虑到未来应对气候变化的国际合作，我国政府应当采取措施继续支持我国指定经营实体的发展。

第三节　林业碳汇法律问题的解决对策

鉴于林业碳汇项目特殊性，仅仅由一部一般法性质的法律进行规范和调整是不够的，有必要制定一部特别法性质的法律规范用以调整林业碳汇项目在项目准备和实施阶段所发生的法律关系以及林业碳汇交易过程中所发生的法律关系。

一、对林业碳汇交易进行法律规制的必要性

(一) 制定和使用合同示范文本的需要

合同示范文本是指符合《民法典》合同编规定，由与合同当事人无关的第三方(如政府部门、行业协会、商会、消费者协会等部门)根据法律规定和惯例确定的具有示范作用的文本。首先，示范文本对林业碳汇交易中多次实施、反复出现的某种交易有很强的示范效应，对明确当事人的权利义务、履行方式、承担责任的方式及解决纠纷的方法等方面有一定的指导作用。其次，示范文本使当事人签订合同时有了一定的参考依据，交易各方无须对每一个交易的合同条款进行协商，从而降低谈判费用。再次，林业碳汇项目程序复杂，包括项目设计、国家主管机构批准、项目审定、项目登记、项目实施、项目检测、项目核查和核证，以及发放核证减排量等诸多程序。其中项目设计又包括项目总体描述、项目运行期和计入期等多项要求。合同示范文本可以简化林业碳汇交易的计量和检验程序，并使这些程序标准化，使项目开发者能够自行完成项目文件设计，降低咨询费用。

(二) 确立林业碳汇交易主体权责分配的需要

法律强调公平合理、等价有偿原则，并以其公示性、规范性和强制性，不仅使林农和国有林场、造林公司等了解碳汇市场，还合理分配碳汇交易主体权责，并通过强制力保障实施。林业碳汇交易市场主体之间、市场主体与政府之间的权责界定、利益分配缺乏法律的规制。首先，缺乏市场主体之间关于风险负担的规定。项目开发前期卖方要有一定的资金投入，如果注册不成功则无法收回，那么交易生效之前的审批风险如何承担？作为买方，在事前交易中他们不仅要支付碳储存活动的所有费用，并且要从项目开始到结束全程参与，往往要承受很大风险，那么费用的风险如何分担才符合公平原则？其次，中国政府与项目实施主体之间利益该如何分配？税费上缴的种类、比例和途径如何确定？等等。再次，中介机构为林业碳汇项目实施方提供关于环境、金融、法律等一揽子服务，那么其进入退出、违规行为应如何承担责任？这些都需要法律及其实施细则的规范和制约。

(三) 给环境保护其他领域带来制度创新的参考

林业碳汇交易是一种新颖的补偿机制，可以为相关领域提供参考依据。首先，林业碳汇生态效益补偿为现有的公益林生态补偿机制提供有益借鉴。森林生态效益补偿主要是通过财政直接支付实现部分补助，是一种政府行为，而林业碳汇交易是通过市场机制发挥作用的补偿，更具效益性。其次，林业碳汇生态效益补偿为排污权交易的推进提供新思路。排污权交易很早就开始试点，但一直没有大规模铺开，主要是其市场环境尚不完善，而相对成熟的碳汇市场机制可为其提供思路。最后，碳汇交易机制还可为国际淡水资源保护，特别是国界河流和国际河流上下游国家间水资源利益平衡等方面提供参考。

(四) 发展林业碳汇自愿市场的需要

林业碳汇自愿交易市场是指不为实现《京都议定书》规定目标而购买碳信用额度的市场主体(公司、政府、非政府组织、个人)之间进行的碳汇交易。这种交易也需要采取一定的调整规则进行规范。规范林业碳汇自愿市场的主客体及交易规则，必将使整个林业碳汇市场向规模经济的方向发展。

二、制定和完善林业碳汇交易运行法律

（一）规定林业碳汇权人的义务

第一，不得擅自转让林业碳汇权。目前，我国尚无法律或行政法规明确规定，允许将开展清洁发展机制林业碳汇项目的行政许可转让给第三人。权利人依法取得的林业碳汇权，不得以买卖、出租和其他形式转让。当然，为避免资源浪费，也不应绝对禁止转让，立法也可以规定允许转让的例外条款，在特定情形下经当事人提出申请并由相关主管部门审批后准许在一定范围内进行转让，但应限于特定情形，并且以符合法律的明确规定为前提。

第二，向国家支付大气资源使用费用。自然资源有限性和经济性的特点，决定了我国实行自然资源有偿使用制度。林业碳汇权人应当履行依法向国家转让相应交易额比例的义务。

（二）出台《林业碳汇交易实施条例》

目前国内有关林业碳汇的交易规则、认证、注册等的标准和规定正在制定和完善中，本文依据 2006 年国家林业局发布的《关于开展清洁发展机制下造林再造林碳汇项目的指导意见》和国际碳汇交易市场的发展情况，构想一下《林业碳汇交易实施条例》，以期从理论上确认林业碳汇交易，明确林业碳汇交易的程序和管理。

第一章，总则。该章应包含：林业碳汇交易所涉及的法律关系定位（民事法律关系、行政法律关系、刑事法律关系等）；林业碳汇的法律属性（森林资源的孳息）；林业碳汇交易的基本原则（意思自治原则、政府监督原则、林业碳汇数量测定原则、林业碳汇标准登记原则）；等等。

第二章，林业碳汇权的取得。该章应包括：林业碳汇权（林业碳汇权拥有者可以依法占有、使用、收益和处分的权利）（周伯煌，2023）；林业碳汇权的取得条件（前置性基础条件——土地权属合规性、造林技术标准化；核心验证要件——额外性证明文件、碳泄漏防控机制、行政审批程序；国际认证程序——联合国清洁发展机制执行理事会注册、监测报告体系认证）。

第三章，林业碳汇交易合同。该章应包含：交易主体(有资格进行林业碳汇交易的自然人、法人、其他组织)；成为交易客体的条件(林业碳汇必须得到法律的确认、林业碳汇交易的主体必须明确、林业碳汇应该是以用碳汇量计量和拆分)；交易内容(双方当事人的权利、义务、第三人的知情权等)；交易的中介机构(中介机构的设立、业务范围、权利义务)；交易程序(碳汇项目设计、国家主管机构批准、碳汇项目审定、碳汇项目登记、实施和检测、核查和核证、发放核证减排量)；等等。

第四章，监督管理。该章应包括：主管部门；交易平台；合同审核；凭证的登记、发放和变更；合同管理；等等。

第五章，其他规定。该章应包含：违法交易应承担的民事责任(赔偿损失、定金、违约金、继续履行)；违法交易应承担的行政责任(行政机关的责任、行政相对人的责任)；违法交易应承担的刑事责任(合同诈骗罪)；等等。

第六章，附则。该章应包含本法实施条例的制定、生效时间等内容。

三、建立林业碳汇专业合作社

如何克服市场化进程中林农分散经营的局限性，有序引导农业与市场对接，走向规模化、商品化、专业化，实现农业增效、农民增收，是我国农业发展所面临的重大现实问题，对于林业碳汇的发展而言，农民专业合作社是在农村家庭承包经营基础上，同类农产品的生产经营者或者同类农业生产经营服务的提供者、利用者自愿联合、民主管理的互助性经济组织。

(一)解决林业碳汇交易"主体缺位"问题

由于单个林农所拥有林地承包经营权的林地面积偏小，以及农民集体、村民委员会和农村集体经济组织自身法律属性的局限等原因，导致在我国农村集体所有林地上开展的林业碳汇项目存在合法主体"缺位"的问题。依据《农民专业合作社法》成立林业碳汇专业合作社则能够较好地解决这一问题。

林业碳汇专业合作社是专门从事清洁发展机制林业碳汇经核证减排量

生产活动的农民专业合作社。林业碳汇专业合作社的成员主要是基于成员权取得农村集体所有的碳汇林地经营权的林农。在不改变林地的集体所有性质、不改变林地用途的前提下，林农可以将林地承包经营权作价出资组建或加入林业碳汇专业合作社。在目前林地承包经营权流转的专业评估机构缺乏的情况下，碳汇林地承包经营权的货币价值可以由全体成员（或合作社设立人）根据碳汇林地的面积、土壤质地、剩余使用期限等综合因素加以确定，与货币、实物、知识产权等其他出资形式并存。虽然入股的林地承包经营权不是林业碳汇专业合作社法人的独立财产，但是，林业碳汇专业合作社法人在约定的期限内可以对成员入股的碳汇林地行使林地使用权。成员必须执行林业碳汇专业合作社成员大会关于开展林业碳汇项目的决议，在各自的碳汇林上开展造林或再造林活动。这样，通过林业碳汇专业合作社的连接，碳汇林地使用权可以被合法地整合起来，从而达到林业碳汇项目用地的要求。

（二）林业碳汇交易的主体资格

由于林业碳汇专业合作社自主经营、自负盈亏，具有一定的营利性，具备法人资格，因此，林业碳汇专业合作社应当属于广义上的企业法人。林业碳汇专业合作社符合《清洁发展机制项目运行管理办法》第十条规定的项目实施机构的"资本结构"的要求。虽然《农民专业合作社法》中并没有关于专业合作社的资本结构的规定，但是，这并不应当成为林业碳汇专业合作社取得项目主体资格的法律障碍。《农民专业合作社法》的相关规定在实质上确保了林业碳汇专业合作社是"中资、中资控股企业"，具体理由如下：

首先，林业碳汇专业合作社成员大会或成员代表大会的民主决策机制，保证了中方成员对林业碳汇专业合作社的控制权。一般而言，企业的资本结构决定了企业实际控制权的归属。事实上，林业碳汇专业合作社成员大会的地位，类似于有限责任公司的股东会，是林业碳汇专业合作社的权力机构。通俗地说，谁能够在专业合作社成员大会中取得控制权，谁就能取得专业合作社的实际控制权。林农成员拥有的表决权数量达到表决权总数的三分之二，依然保持着对林业碳汇专业合作社的绝对控制。需要指出的是，非林农成员包括了组织类成员和非林农公民。因此，在组织类成员全部为外资企业或外资控股企业的情况下，即使外资企业或外资控股企业拥有法定最高数量的附加表决权，其表决权数量也要少于林业碳汇专业合作社表决权总数的三分之一，因而不能对林业碳汇专业合作社形成控制力。换言之，林业碳汇专业合作社的中方成员拥有林业碳汇专业合作社的控制权，也形成了对清洁发展机制林业碳汇项目的控制力。

其次，林业碳汇专业合作社的成员构成和盈余分配保证了林农成员是林业碳汇项目的受益主体。林业碳汇专业合作社成员参与盈余分配的主要依据不是成员的出资比例，而是成员与专业合作社的交易量。在林业碳汇专业合作社中，林农成员的数量至少应当占林业碳汇专业合作社成员总数的80%。这就意味着林业碳汇项目经济层面的收益能够在林农成员间存在较广的惠及面。

林业碳汇专业合作社的法人资格，使其具备了参与清洁发展机制林业碳汇交易的主体资格。

（三）林业碳汇专业合作社的设立

目前，设立林业碳汇专业合作社是一条解决我国农村集体碳汇项目"主体缺位"问题的可行路径。事实证明，自2007年7月1日《农民专业合作社法》施行以来，农民专业合作社这一新生事物在一定程度上推动了我国农业产业化、品牌化的进程。由于林业碳汇活动与传统的农业活动存在一定的差异，《农业专业合作社法》的某些条款可能无法完全适用于林业碳汇专业合作社。因此，在构建林业碳汇专业合作社时，我们可能还需要在立法层面进行一定程度的创新或调整。

1. 业务范围

从本质上来说，传统的农产品是具有经济价值的有体物。然而，林业碳汇经核证减排量是一种具有经济价值的无体物。按照传统农产品的定义，林业碳汇经核证减排量很难被纳入农产品的范畴。因此，林业碳汇专业合作社是否能将销售林业碳汇经核证减排量登记为主要业务，在法律层面还存在一定的疑问。林业碳汇专业合作社具备对外统一销售林业碳汇经核证减排量的能力，且本身就是破解农村集体碳汇项目"主体缺位"问题的一个重要环节。林业碳汇活动是林业活动，为农业活动的一种类型，也属于传统农民专业合作社的业务范围。林业碳汇专业合作社的主要业务应当是销售林业碳汇经核证减排量和提供与生产林业碳汇经核证减排量相关的服务。销售林业碳汇经核证减排量业务是指林业碳汇专业合作社与成员签订林业碳汇经核证减排量的销售协议或代销协议后，以专业合作社的名义与国外买方签订核证减排量购买协议。提供的相关服务，主要包括统一提供林业生产资料，提供诸如指导成员按照项目设计文件要求实施等技术服务。

2. 成员构成

首先，保障农民在农民专业合作社的主体地位。在林业碳汇专业合作社的框架下，林农成员主要以林地承包经营权折价入股，非林农成员的入股形式主要是资金、技术。在一定程度上，组织类成员的入社是林业碳汇专业合作社具备开展清洁发展机制林业碳汇项目能力的决定性因素。其次，林业碳汇项目具有前期成本大、项目规则严格、项目技术水准高等特点。我国林农群体存在着启动资金少、对清洁发展机制林业碳汇项目规则认识少、林业技术落后等弱点，一个完全由林农构成的林业碳汇专业合作社，难以达到林业碳汇项目的相关要求。一般而言，林业碳汇专业合作社的组织类成员在资金、技术层面具有的优势，能够对前述林农成员的不足形成有力的弥补，使专业合作社有能力开展林业碳汇项目。因此，林业碳汇专业合作社不仅可以吸纳，而且应当吸纳组织类成员。林业碳汇专业合作社的成员还可以是具有民事行为能力的非林农公民。

3. 运行机制

首先，林业碳汇专业合作社具有"对内"、"对外"的双重法律身份，对外可以自身的名义负责总体的林业碳汇项目事务，对内可以按照章程的规定对成员进行统一管理。其次，林业碳汇专业合作社的盈利分配模式可参照"基本收益+盈余分配"的模式。林业碳汇专业合作社支付各成员与其入股林地承包经营权流转的收益相当的基本收益，以保障各成员的基本生活。鉴于林业碳汇项目经核证减排量的签发周期较长，各成员的基本收益主要来自专业合作社向其支付的劳务费用和碳汇林的副产品（例如果实、种子)的销售收入。此外,各成员还可以作为合作社的组成人员来参与盈余分配。再次,关于林业碳汇专业合作社在项目实践过程中成员的退社权问题。从某种意义上来说,林业碳汇项目的长周期和专业合作社成员的自由退社权之间存在着一定的矛盾。如果合作社成员在项目周期内自由退社,那么林业碳汇专业合作社不仅可能因退社成员停止履行义务而直接导致经核证减排量的减少,也可能因退社成员的更改碳汇林地用途而导致碳泄漏,间接导致项目经核证减排量的减少。因此,林业碳汇专业合作社应当在与各成员的合同中约定与林业碳汇项目周期相适应的合同期限,以解决项目周期长与成员退社自由之间的矛盾。

四、完善碳汇林权抵押机制

(一)完善国有和集体林地上的碳汇林林权抵押

第一,国有林地之上碳汇林木的抵押。碳汇(经核证减排量)与果品等传统林业产品一样,都是可以为营林人带来经济效益的林业产品。在《京都议定书》的规制下,林业碳汇经核证减排量具有了商品属性,成了一种商品。林业碳汇项目业主通过市场交易机制,出售项目所产生的经核证减排量,获得买方支付的价款,这与经济林实现林产品价值的方式是相同的。碳汇林兼具防风固沙、改善生态环境的生态功能,在一定程度上与防护林和环境保护特种林的功能相重合,防护林、环境保护特种林的外部性生态效益是通过行政方式予以弥补的。国家设立森林生态效益补偿基金,用于提供生态效益的防护林和特种用途林的森林资源、林木的营造、抚育、保护和管理,并可以用于抵押。集体所有的由个人、集体承包的宜林荒山荒地之上的碳汇林的所有权、使用权也可以成为抵押物。此外,权利人也可以在"四荒地"碳汇林地使用权上设定抵押权。

第二,集体所有碳汇林林权的抵押。当前,集体碳汇林地使用权在法律上属于农村土地承包经营权的一种。由于土地承包经营权对于农村的社会稳定及社会保障具有重要意义,国家法律对其流转向来持保守态度,对于有"失地"风险的抵押更是严格禁止。自2008年以来,各地陆续出台了一些政策,相对于现行法律规定而言具有一定超前性,对现行法的正当性造成了一定冲击，但这促进了现行法的修订。若允许家庭承包林地的承包经营权作为抵押物，则《森林资源资产抵押登记办法（试行）》第八条第二款关于"森林或林木资产抵押时，其林地使用权须同时抵押，但不得改变林地的属性和用途"的规定，将不再构成对家庭承包林地上碳汇林木使用权抵押的限制。其次，我国还应当鼓励建立林木货币价值的评估机构，为林木所有权、使用权流转机制提供专业的辅助性服务。再次，我国应构建土地承包经营权流转市场。此类流转市场流转的土地承包经营权，既可以是以家庭承包形式取得的集体土地承包经营权，也可以是以拍卖、招标等形式取得的"四荒地"承包经营权。针对国有林地使用权、林木的流转，我国既可以构建专门的国有林地使用权、林木流转市场，也可以选择将其纳入土地承包经营权市场，形成综合性的农业流转市场。

（二）完善国有林地使用权抵押

事实上，国有林地使用权并不像林地承包经营权那样承载着过重的社会保障功能。从这个角度来说，国有林地使用权的抵押应当较林地承包经营权更为开放。然而，由于相关法律的缺失，国有林地使用权的抵押并没有显示出其应有的开放性，对此，可从以下几方面加以补充、完善：

第一，应当在《民法典》或《森林法》中确认国有林使用权。在《民法典》物权编的规制之下，集体林地使用权（林地承包经营权）被确认为用益物权之一种，其权能也在用益物权框架下得以明确。但是，《民法典》物权编中关于用益物权的规定仅对土地承包经营权、建设用地使用权、宅基地使用权、地役权等涉土权利做出直接规定，并未对国有林地使用权做出确认。显然，国有林地使用权无法纳入上述土地权利的范畴。从"物权法定"的角度来看，国有林地使用权未被《民法典》物权化。这显然与国有林地使用权在我国国民经济和可持续发展战略中的地位不相符合，与社会现实生活严重脱节。因此，立法者应当考虑将国有林地使用权纳入用益物权范畴，明确国有林地使用权的权能、取得、变更等具体事项。

第二，应当尽快出台国有森林、林木和林地使用权流转的条例，构建国有森林资源流转制度，规制国有森林资源流转活动。此处的"流转"，当然包括了"抵押"。2021年修订的《国有林场管理办法》，未直接规定国有林场享有依法抵押国有林地使用权、林木的权利，但明确了相关限制条件，该办法第三十一条明确规定，国有林场的森林资源资产未经批准不得转让、不得为其他单位和个人提供任何形式的担保。这意味着国有林地使用权、林木的抵押需经主管部门批准，未经批准不得擅自实施。抵押权的行使需结合《森林法》及《民法典》的相关规定。

第三，进一步完善国有林场分类经营制度。在分类经营模式下，商品林和公益林分别由承担不同职能的林场经营。其中，生态公益型国有林场仍为事业单位法人，不具有经营能力，其资金由国家财政直接拨付。商品经营型国有林场应该变革为企业法人，林场具有独立的财产权利，自主经营、自负盈亏。实际上，国家仍掌管着林场，只不过这种掌管不是直接的命令和指挥模式，而是通过《公司法》的规定，以股东会的决议方式来加以实现。只有商品经营型国有林场才具有抵押国有林地使用权、国有林木的权利。

五、建立政策性森林生态保险

要使森林保险充分发挥作用，为社会带来更大福利，政府需推行政策性森林保险制度，并给予实质性支持。这样，森林经营者、保险公司以及社会各界都将从中受益。实施政策性森林保险是打破我国森林保险市场失灵现状的关键举措。

(一) 制定《森林保险条例》的可行性

林业与一般行业不同，除了森林生长期长之外，重要的是森林具有其他行业不可替代的生态效益。与种植业保险、养殖业保险的保险标的相比，政策性森林保险的保险标的无论是公益林还是商品林都具有强烈的、外溢的生态效益。事实上，森林具有防风固沙、涵养水源、净化空气等生态功能，能够有效地促进我国的可持续发展。鉴于森林在可持续发展战略中的重要地位，我国也应当制定《森林保险条例》。现行《农业保险条例》的相关规定，为《森林保险条例》的制定提供了借鉴基础。

首先，由于《农业保险条例》的规制对象是作为整体的大农业的保险活动，而大农业保险并不都是政策性保险，还包括了一般性的保险，因此，现行《农业保险条例》虽确立了农业保险制度的基本架构，但对政策性保险的规制仍存在结构性缺陷。从制度设计看，条例确立了"政府引导、市场运作、自主自愿、协同推进"的原则，但未对政策性保险进行细致界定，相较于商业性保险的精细化规制，政策性保险在财政补贴标准、风险分担比例、理赔条件设定等核心要素方面，尚未形成系统化的法律规范体系，亟待通过专项立法或司法解释予以补足。

其次，由于包括政策性森林保险在内的诸多类型的政策性农业保险还处于探索阶段，还未确定固定的经营模式，一旦我国的政策性森林保险试点工作取得了重大突破，形成行之有效的经营模式，就可以以立法的形式将其固定下来。选择对森林保险和农业保险分别立法具有可行性，可以专门针对森林保险和农业保险的不同特性，制定具有可操作性的规则，不仅立法难度相对较小，也更能保证法律质量。

第三，其他国家的森林保险单独立法为我国制定《森林保险条例》提供了借鉴。日本实行了将农业保险和森林保险进行区分立法的模式。具体来说，日本针对农业保险制定了《农业灾害补偿法》；针对森林保险制定了《森林国营保险法》。这一立法模式的显著特点在于目标明确、内容具体并且条理清晰，权利与义务界定明确，易于执行，有助于实现体系化管理。日本的分别立法模式在农业保险领域和森林保险领域都取得良好效果，促进了林业和农业的发展。其他国家，如瑞典和芬兰也针对森林保险的不同地位和运行规则，通过制定单行法的形式与农业保险进行了区分，促进了本国农业的发展。在未来我国《森林保险条例》中，立法者首先应当明确我国的森林保险是政策性保险，确定政府在政策性森林保险中应履行的职能。

(二) 森林保险的组织形式

纵观世界各国的森林保险，组织形式主要有以下三种：一是政府直接提供森林保险；二是保险公司提供森林保险，政府提供财政补贴；三是政府组建政策性保险公司。按照我国《农业保险条例》有关农业保险组织形式的规定(国家支持发展多种形式的农业保险，健全政策性农业保险制度。农业保险实行政府引导、市场运作、自主自愿和协同推进的原则)，我国森林保险的组织形式也应当遵循"政府引导，市场运作"的基本原则，即遵循"保险公司提供森林保险，政府提供财政补贴"的组织形式；再确定森林保险的保险人、投保人、被保险人、保险代理人等森林保险法律关系主体的基本权利基本义务及法律责任。此外，还应当对政策性森林保险做出程序法层面的规定。例如，政府进行财政补贴的程序；国务院保险监督管理机构进行监督的程序等。可以从简化投保和索赔程序、发挥自治组织的作用、构建相关的辅助制度等三个方面着手。

（三）碳汇林森林保险补贴标准

林业碳汇信用涉及多种风险。在林业碳汇权作为担保的质押期间，贷款方应考虑通过保险分摊风险。例如，早在 2006 年，瑞士再保险集团所属的欧洲国际再保险公司便为一家美国国际环境市场投资公司提供了涵盖审批、认证和发售过程风险的碳信用保险。在市场上，像"碳信用保证保险"这样的产品，为出资人承担项目运营中的传统风险（例如技术不成熟、自然灾害、工程事故、管理失误等）及碳信用认证相关的政策风险，有效地转移了风险，还可提升企业信用。例如，在新西兰，林场经营者通过购买碳信用保证保险转移森林火灾、火山喷发、风灾、盗伐等相关风险，确保造林项目的顺畅进行，以获得碳信用。鉴于我国林业碳汇权信贷市场尚处于培育阶段，为支持林业碳汇发展，建议政府除提供商业保险服务外，还应提供政策性保险服务或对商业保险产品给予政策性补贴。此外，政府还可以设立专项碳汇权抵押贷款资金，为借款人（林农或林企）提供贷款贴息政策，降低其融资成本，以促进林业碳汇抵押贷款工作的顺利开展。

在未来我国政策性森林保险的具体制度中，与林业碳汇项目最为密切的莫过于财政补贴标准分类制度。由于林业碳汇项目具有一定的营利性，碳汇林按照此分类法应当属于商品林一类。但是，按照造林再造林规则，碳汇林是林业碳汇项目业主在原本为无林地的林地上培育而来的，能够极大地改善项目所在地的生态环境；并且，林业碳汇项目周期长的特点也决定了碳汇林能够在较长时期内持续地发挥其生态效益。因此，碳汇林发挥的生态效益要高于传统意义上的商品林（经济林、用材林、薪炭林），甚至接近公益林的生态效益。此外，林业碳汇能够促进我国开发并利用符合可持续发展要求的技术，也在一定程度上有利于我国参与国际社会应对气候变化的谈判。设立碳汇林森林保险财政补贴，不仅可以体现我国高度重视应对气候变化工作，也能引导潜在的资金流向林业碳汇行业，从而促进我国林业碳汇行业的发展。综合考虑以上因素，我们认为，在未来我国的政策性森林保险的财政补贴标准分类中，立法者可以单独设立碳汇林的补贴标准，并且其补贴标准应当高于传统的商品林。

六、健全和完善我国林业碳汇的监督和服务

(一) 明确我国监督主管机构

国家发展和改革委应为对林业碳汇项目实施行政许可的行政机关。

首先，明确主管机构的监督职能。应当制定主管机构对林业碳汇项目行使监督权的程序。由于我国立法长期被"重实体、轻程序"的思维所左右，立法上意欲简化程序、实务中试图松弛程序的现象屡见不鲜。缺少法律程序的保障，实体法中的立法目的难以真正实现，实体法也难以有效发挥调节社会关系的作用。不论法律程序自身是否具有程序公正、程序效率等内在价值，仅从工具主义程序理论来看，法律程序就具有保障实体法权利义务实现的价值。因此，立法者有必要在赋予指定国家主管机构监督权的同时，规定其行使监督权所应遵守的法定程序。

其次，指定国家主管机构行使监督权的法定程序。包括法定监督程序的具体规定、监督程序违法的法律责任、法律救济等三个部分。①法定监督程序的具体规定可以包括：监督主体的法定组成；监督权行使的方式；监督权行使的步骤；监督权的行使期限。监督程序的启动遵循"主动启动为主、被动启动为辅"的模式。监督的方式包括书面调查和实地检查相结合，定期检查和随机抽查相结合。②监督程序违法的法律责任，应当包括指定国家主管机构监督程序违法的法律责任和具体行使监督权的公务人员程序违法的法律责任。其中，指定国家主管机构监督程序违法的法律责任可以包括采取撤销违法监督行为、采取补救措施、承担赔偿责任等形式。③针对指定国家主管机构违反监督程序的行为，林业碳汇项目业主应当享有获得法律救济的权利，即有权通过申请听证、行政复议、行政赔偿等法律救济方式，来维护自身的合法权益。

(二)加强对林业碳汇项目的监督

作为一种特殊商品,林业碳汇的交易在享受合同自由的同时,也要受到国家的监督和管控,但这种国家监管必须控制在适度范围。林业碳汇交易只有遵循现代市场经济的规律,才能够长久地、健康地运行下去。过多的政府调控行为,将会降低市场主体的交易积极性,导致林业碳汇市场的萎缩,进而危害林业碳汇行业的整体发展。因此,立法者应当在政府监督与自由交易之间寻找一个适当的契合点,在最大程度上实现维护国家气候利益和促进林业碳汇产业发展的双重目标。

对林业碳汇交易合同实行"登记生效"制度是指定国家主管机构对林业碳汇交易进行"适度监管"的良好方式。所谓登记生效,是指已经成立的合同须依法律、行政法规的规定办理批准、登记手续后才能正式生效的制度。具体到林业碳汇交易合同,是指由指定国家主管机构对林业碳汇交易合同中所载内容进行审查,确定符合交易要件并予以批准登记后,交易合同才能生效;反之,对于不符合林业碳汇交易要件的合同不予批准,则其不能生效。事实上,登记生效制度既能赋予林业碳汇交易合同以更强的对内约束力和对外对抗性,又可以保证林业碳汇交易合同体现保护环境的内在价值。因此,从保障林业碳汇交易顺利进行的角度来看,实行"登记生效"制度是必要的。

同时,为防止公权力对交易主体自由交易的过度干预,需指定国家主管机构对林业碳汇交易合同行使审查权。指定国家主管机构可以在以下5个方面行使审查权:合同当事人是否符合法定资格的要求;合同的约定是否违反"中国政府和企业不承担《联合国气候变化框架公约》和《京都议定书》规定外的任何义务"的规定;合同约定的林业碳汇经核证减排量的价格是否显著低于国际市场同类型项目的价格;合同是否排除了我国企业(即我国的合同当事人)的主要权利;合同的约定是否显著增加了我国企业(即我国的合同当事人)的义务。

(三)完善对林业碳汇项目辅助机构的管理

制度具有的全面性、长期性、强制性等特点,能够帮助管理者实现对林业碳汇项目辅助机构的有效管理。

辅助机构管理制度立法应当包括以下几个方面的内容：第一，准入制度。鉴于我国辅助机构能力参差不齐的现状和辅助机构在项目运行中所起的重要作用，应当分别确定从事清洁发展机制项目咨询服务、中介服务的实体准入标准，筛选出合格的辅助机构。如果一个实体想要同时开展咨询服务和中介服务，那么，该实体应当同时满足咨询服务准入标准和中介服务准入标准。我们认为，准入标准可以包括辅助机构的注册资本、专业能力、内部管理机构等具体指标。为了促进辅助机构提升服务质量，管理制度还应当包括辅助机构的资质等级标准。第二，权利义务条款。通过科以法定义务的方法来规范被管理者（即辅助机构）的业务行为，从而达到规范辅助机构市场的目的。权利条款的设置应当考虑赋予辅助机构相应的实体权利和程序性权利（如申诉、复议等）两个方面。第三，惩罚措施。具有强制性的惩罚措施是制度良好运行的重要保障。管理者根据被管理者违法行为的种类和级别等情况来分别采取相应的惩罚措施，包括警告、暂停部分或者全部职能、罚款等。此外，辅助机构的管理制度立法还应起到促进我国林业碳汇项目辅助机构发展的作用，特别是目前我国尚缺少的辅助机构。

第四节　林业碳汇交易的实现

结合我国实际情况，依托林业碳汇的生态属性，创新性地设计林业碳汇发展的新格局、新路径，实现林业碳汇交易实现新机制。

一、依托生态属性构建林业碳汇交易新格局

传统的林业碳汇交易存在范围狭窄、项目注册难度较大、交易成本较高的问题，导致林业碳汇经济发展缓慢，我国需在林业碳汇交易形式方面进行突破与创新，克服传统林业碳汇的交易困境。

（一）扩大交易主体范围

原来的碳交易机制设计主要遵循"以点带面"的原则，先从重点排放企业入手，将石化、化工、建材、钢铁、有色、造纸、电力、航空等重点排

放行业纳入强制碳交易体系，通过重点企业的减排行动来推动全社会的减排。欧盟以及美国、日本、韩国、澳大利亚、新西兰等国家也基本采用了类似的碳交易制度。事实也证明，这种模式在世界各国应对气候变化管理的初期确实起到了强制与监管并行、效果与认知同向的作用。但是当前在我们已把绿色发展作为国策，社会民众对低碳出行、环境治理和绿色发展已有了深度认知并形成了广泛共识的前提下，如果还只是将林业碳汇配额和控制等只针对重点行业和企业进行，则不利于推动全社会的减排，也滞后于国际社会绿色潮流的内在发展需求。我国需通过政策引导和驱动，让更多的境内外相关机构、企业、团体、个人积极参与到林业碳汇自愿交易中来，当事人可以自行购买林业碳汇，这样既能实现保护环境的初衷，又能扩大林业碳汇交易的市场。我们呼吁"减排节能，全员有责"。如果广大人民群众和众多非重点排放企业都积极参与减排，必将促进林业碳汇向更广阔的方向发展。

目前，越来越多的公司自愿承诺减少碳排放或达到碳中和目标。企业通过碳补偿投资以满足碳减排要求，或实现碳中和。碳补偿尤其受到"绿色企业"的青睐，并且对于那些希望提升环保形象的企业来说，是一个吸引人的选择。一些大型企业甚至可以购买京都规则市场的碳信用，这些碳信用可以正式计入所在国的总排放量。在应对气候变化方面，企业社会责任越发受到重视。企业通过明确表态减少碳排放并购买碳补偿，是提升环保形象的有效途径。投资碳补偿不仅彰显社会责任，还能促进乡村振兴。企业是否购买碳补偿，关键取决于高级管理人员是否有能力确保实现碳中和和减排承诺，并将其转化为具有商业价值的"商业活动"，即在展现企业社会责任和环保形象的同时，也为企业运营带来收益。

(二) 申报对象化零为整

化零为整的新型林业碳汇交易方式在我国已有先例可循。目前林业碳汇线上交易的先行者是福建省南平市顺昌县。2019年，顺昌县首创"一元碳汇"项目，通过向社会公众销售项目所产生的碳汇量，成功让林农变成"卖碳翁"。南平市在确定林业碳汇交易价格时，考虑了项目开发成本和福建碳市场林业碳汇动态价格、国际林业碳汇自愿交易市场价格，结合百姓能够接受和方便交易的额度，确定为 1 元 10 千克 CO_2e。他们还充分利用现代通信设施，通过微信小程序来销售，虽然售价低，但是积少成多、便捷交易的特性激发了公众的参与热情，实现了购买贫困村贫困户林业碳汇的线上交易。贵州省也充分运用"互联网+生态建设+精准扶贫"新模式，将购买林农的林业碳汇与精准扶贫相结合，建立了互联网平台。该平台于2018 年 7 月上线，为全省深度贫困村建档立卡，推行购买单株林碳汇的方式，将林地中具有一定碳汇功能(吸收二氧化碳、释放氧气)的树林，编号录入数据库，按每棵树每年 3 元的碳汇价值，通过手机 APP 和微信公众号进行销售。

我国原来的碳汇模式都是以国有林地为申报对象。针对集体与个人林地难以参与林业碳汇交易的问题，可以把农村细碎化的林地资源作为储备林业碳汇项目，建立起政府主导、社会和企业参与、市场化运作、可持续发展的化零为整模式。林业碳汇项目的实施主要通过对林业碳汇资源进行培育、经营和保护等方式进行，而这些活动的实施者大多是群众，相对于与企业对接的林业碳汇，化零为整的林业碳汇面向的是家庭和个人，针对林农个人享有经营权的林地，在不影响正常林木产品收益的情况下，还可以为其新增一份碳汇收益。林业碳汇项目是逐步实现森林资源增长、生态环境改善、农民收入增加的有效途径，可以在成功开发零散林业碳汇的基础上，让林农和村集体获利。

(三)建设林业碳汇项目信息化平台

缺乏区域性的交易平台是目前林业碳汇经济发展缓慢的重要原因。当前，我国已建立起了多个碳交易试点，但各地也都有自己的保护政策，对非试点区域内碳汇项目进行不同程度的限制，加之国际碳市场的复杂性等因素，导致我国碳汇交易竞争力不强。我国应依托数字林业建设，采用"林业碳汇项目+互联网"模式，构建林业碳汇管理网络，通过信息化平台，推进林业碳汇项目信息共享、公开透明，保证林业碳汇项目的类型、规模和碳汇量等信息在平台上可以查阅、展示，推动林业碳汇项目有序开发、有效管理，增强林业碳汇的市场可信度。同时，省内区域性交易平台也可以为供需双方提供媒介服务。

二、创新绿色发展，探索"林业碳汇+"新机制

确立"林业碳汇+"理念，创新发展机制，规划一系列推广与应用场景，探索我国林业碳汇交易新机制。

(一)"林业碳汇+自愿补偿"模式

目前，我国已经有大量的会议实现了零排放。在我国召开的会议，先由第三方权威机构审定因交通、餐饮、住宿等所产生的二氧化碳排放量，再由会议主办方认购林业碳汇，抵消会议期间产生的碳排量，最终实现各类会议的零排放。"林业碳汇+会议"模式成为推进我国林业碳汇自愿市场的排头兵。林业碳汇服务提供商或碳补偿交易平台服务于不同市场群体，包括个人、企业、政府部门、城市以及公共活动，这些市场群体中既有营利性的也有非营利性的。林业碳汇数字化服务平台通常设有碳计算器，用以估算个人的飞行或驾车等活动产生的碳排放，或者计算个人一整年的生活碳排放量。目前，使用碳补偿来中和飞行旅行产生的排放是一种流行的营销策略。购买碳补偿的个人通常会收到一份证书作为回报。企业则倾向于从零售商那里选购标签计划，或使用标志来展示其产品通过碳补偿或实现了碳中和。此外，零售商还为企业提供咨询服务，包括碳排放量的测算以及碳中和市场的开发和销售策略。

(二)"林业碳汇+责任共担"模式

有学者指出，碳汇自愿市场的本质不在于购买实质商品，而在于获得社会认可和展示社会责任感。减排量的核算仅是衡量贡献的一种方式，这一行为更多地体现的是对社会的赠予及公益性，而非追求更多利润。然而，相反观点认为，无论是企业还是个人，购买自愿碳减排额实质上是购买服务而非慈善捐赠。零售商所提供的，不只是碳补偿，还包括使用权、便利设施以及质量保证。事实上，慈善捐赠并不总是与展示社会责任挂钩，理应由每个人为气候变化承担责任，为适应和减缓其影响做出贡献。因此，自愿购买碳补偿应被视为必需的经济活动，而非附加的社会活动。如果消费者认为零售商将过少的收入投入实际项目中，他们可以转而选择其他供应商。最终，随着零售商财务规模的扩大，直接投入项目或其他相

关领域的资金也将增加。尽管如此，有些碳补偿供应商更愿意被标榜为非营利组织而非私营企业，因为他们的主要目标是减缓气候变化，而非利润最大化。

1981 年，《关于开展全民义务植树运动的决议》首次以国家法定形式明确"植树造林、保护森林"是公民应尽的义务。1984 年，《森林法》首次从国家法律层面将义务植树制度化。这一规定不仅契合了人民群众建设美丽中国、改善生态环境的愿望，还通过地方性法规的进一步细化落实，增强了可操作性，从而更易被社会大众所接受。当然植树义务不一定要亲自履行，可以通过"购买林业碳汇"的方式来完成。这样既可以适时地推广林业碳汇的生态作用，也可以极大程度地改善目前许多义务植树活动"无地种树"的尴尬局面，使植树义务更具有可实现性和持久性。

（三）"林业碳汇+生态司法"模式

购买林业碳汇可以作为一种替代履行方式，与生态资源破坏类刑事案件及民事案件的责任承担方式相对接。各级人民法院在审理破坏生态资源类刑事案件中，在依法严惩破坏生态环境犯罪的同时，为了实现对生态利益的补救，将"谁破坏、谁治理、谁修复"原则贯彻其中，常常让破坏者通过复绿补种的方式承担责任。而在实际中，被告人往往由于入狱，无法承担复绿补种的责任，或者也没有合适的林地供其复绿，这样责任承担就陷入无法实现的困境，也无法完成对生态利益的补偿和对犯罪分子的惩戒。为创新生态司法实践路径，可构建林业碳汇补偿机制，实行刑事追责与民事赔偿双轨制。在刑事诉讼领域，对破坏森林资源的当事人，除判令复绿补种外，应责令其通过购买林业碳汇履行生态修复义务。首先，由司法鉴定机构核定犯罪行为造成的碳减排量缺口；其次，要求当事人认购不低于损害量一定比例的碳汇；最后，将碳汇履约情况纳入认罪认罚从宽幅度评估。在民事赔偿领域，针对不可见的生态服务功能损害，可引入碳汇折价赔偿机制，即由侵权人按年度营收一定比例缴纳碳汇保证金至全国统一司法碳汇交易平台，实现"环境债"的市场化清算。该机制既通过碳汇交易账户托管制度确保专款专用，又借助司法判例库建立碳汇赔偿标准体系，为全球生态治理提供可量化的方案。

三、加强政策驱动，扩大多部门交流和宣传

林业碳汇交易本质上是一种政策驱动型交易产品，没有政策作为先导，将很难对相关企业做强制性要求，也很难引导非重点企业和全民履行减排义务。同时，多形式、多渠道宣传和发展我国林业碳汇，对于落实国家气候治理战略、拓展发展空间、建设生态文明、推动乡村振兴具有重大意义，也有利于推动全社会形成关心、支持、参与林业碳汇发展的氛围。因此，为推进我国林业碳汇交易的进一步发展，需加强政策引导，扩大交流与合作，加强宣传和教育。

(一)加强政策引导

我国颁布了很多关于森林资源保护、利用与管理的法律法规，由于林业碳汇是新生事物，关于林业碳汇交易方式、交易规则、交易风险管理、交易争议处理等一系列事务尚处于"无法可依"的状态，制约着林业碳汇交易的进一步发展。在推进林业碳汇交易、管理及推广过程中，我国应通过制定行政法规和规章的方式，率先启动林业碳汇项目新机制。首先，引入项目开发主体、参与主体，如引入国际国内企业等社会力量做参与主体，引导他们投入开发新的林业碳汇项目；其次，在政策导向方面将林业碳汇项目优先纳入林业财政资金支持范围；再次，针对林业碳汇交易、林业碳汇补偿和林业碳汇产权等出台行政法规，理顺交易秩序与管理秩序。

(二)扩大交流与合作

林业碳汇项目确立程序复杂，不仅涉及相关部委及地方各级政府主管部门，还涉及第三方——碳排放核查认证机构、纳入控排的重点企业、自愿减排企业等。加强各方的合作和交流，强化与相关社会组织、企业、科研单位和院校等机构在更宽领域、更大平台进行更深层次的合作，可进一步推动我国林业碳汇项目的发展。

首先，强化与科研单位和院校的合作。科研院校的科研项目是在政府的引导下开展的，只要政府机构根据实际需求，设置林业碳汇项目在申请、运行及交易过程中需处理和解决的问题为立项导向，必然会引导科研单位和院校开展相关研究，这样既拓展了研究单位的研究深度，又解决了

实际中的需求。

其次，强化科研院所与企业的合作。有减排需求的企业需要先进技术的转化与应用，他们是站在技术转化最前端的需求客户。这不仅需要企业和科研院所双方都积极自主地寻求合作机会，也需要第三方如政府和相关部门加以引导。各方在合作交流中及时总结提炼林业碳汇项目开发与交易可复制的经验，推动林业碳汇项目开发和交易由点及面，由国有林场走向集体和林农，由重点排放企业走向自愿市场。

(三) 加大宣传与教育

林业碳汇项目程序和技术要求复杂，要符合国家的相关政策规定，并符合第三方认证和注册程序。由于缺乏相关方面的知识和信息，某些企业盲目开展林业碳汇项目，结果在操作过程中无法推进，既浪费了投资也损伤了积极性。目前社会上对林业碳汇也存在认识误区，这些误区被一些不法分子利用并虚假宣传，形成投资陷阱。我们要引导企业结合森林资源和经济实力来有针对性地开发林业碳汇产品，并加大宣传教育力度。

首先，让更多的民众了解林业碳汇、林业碳汇产品、林业碳汇实现形式。林业碳汇交易的基本路径是在京都规则等制约下，企业参与林业碳汇项目的交易。京都规则的主要内容，林业碳汇项目在实现碳中和、精准扶贫和生态保护方面的作用，林业碳汇交易的成本，碳汇量的核定等规则，都需要在群众中普遍宣传。

其次，"林业碳汇+"的实现机制要在普通民众中进行推广，更需要宣传先行。要让普通民众了解并接受这种新型的环保方式，了解"林业碳汇+"实现机制的形式、操作方法，以及"林业碳汇+"项目的公益性和可以为普通民众带来的利益。

宣传和推广是沟通林农、企业和消费者的纽带和桥梁，在现代经济发展中的作用已经日益突出。我们应加强宣传与教育，积极推动林业碳汇发展，不仅要实现经济发展、林农富裕，更要拓宽气候治理途径，为实现美丽中国建设目标贡献力量。

第四章

林业碳汇预期收益权质押法律制度

　　全球气候变化的加剧，使得减缓气候变化和改善人类生存环境成为全球共识。各国正合作采取措施，如开发新能源和提高森林覆盖率，以减少碳排放。这些行动伴随着巨大的资金需求，突显了碳金融的重要性。近年来，基于绿色金融等的政策支持，金融机构也在不断探索新型资产信贷业务。其中，林业碳汇预期收益权被视为一种可用于质押贷款的资产。

　　《民法典》物权编第四百四十条规定，债务人或者第三人有权处分的可以出质的权利包括"法律、行政法规规定可以出质的其他财产权利"，可以看出，林业碳汇预期收益权属于"其他权利"的一种。2022 年 7 月 1 日施行的《深圳市碳排放权交易管理办法》规定，配额或核证减排量持有人可依照该办法将其出售、质押、托管或以其他合法方式取得收益或融资。广东、湖北等地也有类似规定。可见，这些地方性法规鼓励碳排放权质押融资一类的金融产品创新（陈蔚岚等，2023）。2024 年 1 月 29 日，国家林业和草原局《关于做好深化集体林权制度改革有关工作的通知》提出，"鼓励金融机构开展林业碳汇预期收益权、公益林（天然林）补偿收益权、林业经营收益权等质押贷款业务。"自此，林业碳汇预期收益权质押有了国家政策层面的支持。但是，至今尚未有行政法规及以上级别的法律文件就这一类权利的质押作出明确规定。金融机构在碳排放质押业务实操中，往往会面临林业碳汇预期收益权质押无法产生物权担保效力等困境，继而影响债权的实现。

第一节　林业碳汇预期收益权质押概述

一、林业碳汇预期收益权质押的界定

抵押和质押是两种不同的金融工具及法律制度，抵押的标的物通常为不动产、特别动产(车、船等)，质押标的一般为动产或财产权利。林业碳汇本身是一种看不见的非实体物，没有具体的形态，难以作为传统抵押物进行处置，因此不适合进行传统意义上的抵押，但其未来产生的收益权可以进行权利质押。林业碳汇预期收益权质押是指将林业资源的碳汇预期收益权作为质押物，借款人通过将其拥有的林业碳汇预期收益权质押给金融机构或其他投资方，以获取资金用于项目投资或经营发展。

林业碳汇预期收益权质押高度结合了环保和金融两个领域，其金融创新的理念就是将林业碳汇预期收益权视为一种可以质押的资产，借款人可以把自己拥有的林业碳汇预期收益权质押给金融机构或投资方，以此获取资金进而投资项目或发展经营。借款人在质押期间需要按照约定的利率和方式进行还款。这种融资方式的优势突出，可以将林业碳汇预期收益权作为有价值的资产，提高资源利用效率，同时也对保护森林、促进生态可持续发展有着积极的推动作用。为了把握这种融资方式，参与方需要注意以下几个关键部分：第一，权益评估。要对林业碳汇预期收益权进行评估，以确保质押物的价值和贷款金额匹配，并遵循相关的评估标准和程序。第二，合同签订。双方需要签订合同，明确相关的权利和义务、收益、还款方式等，并确保合同的合法性。第三，风险管理。质押物的风险评估和监管极为重要，必要时可调整质押比例或利率，以确保质押物的价值稳定和透明性，避免可能的风险损失。第四，合规要求。必须遵守相关的法律法规和政策，确保交易合规并遵循相关法规。

林业碳汇预期收益权质押贷款是一种新兴的绿色金融工具，其核心理念是以林业碳汇预期收益权作为质押品，从金融机构获得贷款。其带来的最大好处就是提供了额外的融资渠道，让林业碳汇的开发利用具备更多的可能性与潜力。从经济上讲，这种贷款方式能减轻政府财政压力，并减少林业碳汇开发企业对政府补贴的依赖，进而推动林业碳汇的市场化运作，有助于整个行业的健康、可持续发展。同时，林业碳汇本身也是一种重要的碳汇，可以吸收并储存大量的二氧化碳，降低大气中的碳排放，有助于全球气候变暖问题的缓解。因此，通过这种贷款方式，可以进一步推动和鼓励更多的企业或个人参与林业碳汇的开发和运作中，对环保事业也是极有益处的。通过碳汇预期收益权质押融资，林地所有者和林业经营者可以将其林地的碳吸存能力转化为经济收入，金融机构也能从中得利。这种做法为林地所有者和林业经营者提供了保护和改善森林管理的经济激励，同时有助于推动碳交易市场的发展，促进资金流向林业。林业项目往往需要较长的时间才能产生经济效益，而碳汇预期收益权质押融资可以为这些项目提供前期资金，通过碳信用作为抵押来吸引更多的投资者和资金，缓解林业项目的初始资金压力。同时，贷款项目本身旨在向绿色、环保方向发展，符合现今全球对于绿色金融的推广和倡导，可以提升金融机构的社会责任感和公众形象。因此，林业碳汇预期收益权质押融资的实践不仅可以促进环境保护，推动经济绿色转型，也是金融创新与责任投资领域的一个重要步骤。对于政府、企业和社会投资者而言，积极探索和推广林业碳汇预期收益权质押融资模式，对促进全球可持续发展目标的实现具有深远影响。林业碳汇预期收益权质押贷款是一种全方位、多赢的金融方式，能推动林业碳汇市场化运作，有助于林业的可持续发展，也能够帮助金融机构实现风险控制和社会责任履行的双重目标。未来，随着社会对环保理念的认同程度进一步加深，这种新型金融模式有望广泛应用。

二、国际林业碳汇预期收益权质押相关规定

国际林业碳汇预期收益权质押相关规定是指用于监督和管理国际林业碳汇预期收益权质押行为的法律法规和政策措施，但目前林业碳汇预期收益权质押制度还不是十分成熟。以下是一些国际上常见的林业碳汇预期收益权相关法律和政策。

《巴黎协定》旨在应对气候变化，并通过减少温室气体排放来达到控制全球变暖目标。该协定鼓励各国通过森林保护和可持续林业管理来增加碳汇储量，并促进碳市场的发展。REDD+机制是由联合国环境规划署（UNEP）、联合国开发计划署（UNDP）和联合国粮农组织（FAO）等多方共同推动的国际倡议，旨在通过资金激励机制减少毁林和森林退化造成的温室气体排放，并支持发展中国家实施可持续林业管理。该倡议通过建立碳汇核证与碳信用交易体系，整合国际林业碳市场的法律与政策框架，助力全球气候行动。

美国在林业碳汇预期收益权质押方面没有单独的法律制度，但有一些相关的法规和政策可以促进林业碳汇预期收益权质押的发展。美国几届政府（包括奥巴马政府和拜登政府）通过行政命令和政策倡议推动的气候行动计划，对碳汇质押和碳市场发展起到了间接促进作用，但联邦立法碎片化、政策连续性波动以及州级市场的分散性限制了其潜力。美国一些州和地区建立了碳市场倡议和伙伴关系，推动碳交易和碳市场活动。例如，加利福尼亚州的温室气体排放交易制度（California Cap-and-Trade Program）和东部州履约联盟（Regional Greenhouse Gas Initiative）。美国环境保护局颁布了一系列的法规，旨在管理温室气体排放和碳减排，这些法规包括《清洁电力计划》（Clean Power Plan）、《温室气体报告计划》（Greenhouse Gas Reporting Program）等，为林业碳汇金融提供了相关的指导和要求。美国各州和地方政府制定了自己的温室气体行动规划，包括碳汇的管理和质押，这些行动规划通常涵盖了森林保护、森林经营和森林认证等方面，以推动林业碳汇金融的发展。美国的一些绿色金融倡议致力于促进可持续发展和碳减排，其中也包括了林业碳汇金融，这些倡议鼓励金融机构和投资者在林业碳汇领域进行投资和支持，为碳汇质押等金融交易提供支持和指导。

加拿大联邦层面的《林业法》（Forestry Act），作为核心林业管理法律，虽然未直接规定林业碳汇预期收益权的质押规则，但通过规范林业活动，确保碳汇项目（如造林再造林）的合法性。只有符合法律要求的碳汇项目，其预期收益权才可能被金融机构认可，从而降低质押的法律风险。2023年，加拿大政府提出过《森林与气候变化法案》（Forest and Climate Action

Bill），旨在增强森林碳汇能力，但目前尚未正式通过。《森林与气候变化法案》若成功通过，将成为加拿大林业碳汇领域的里程碑式立法，为收益权质押提供全国性法律框架和市场化基础设施。

欧盟通过《欧盟温室气体排放交易指令》（EU Emissions Trading Directive）等法律，建立了欧洲碳市场，并为林业碳汇质押提供了法律支持。此外，欧盟成员国也有各自的林业法律法规，用于管理和保护森林资源。2013—2018 年，欧洲森林和土壤从大气中清除的二氧化碳量减少了约20%。为进一步部署落实《欧洲气候法》提出的到 2030 年温室气体相比于1990 年减排55%以上、2050 年前实现"气候中性"并在此后转向负排放目标的关键行动路线图，欧盟委员会提出了"减碳 55"（"Fit for 55"）一揽子改革措施和修订《土地利用、土地利用变化和林业（LULUCF）条例》等八项立法草案。欧洲议会于 2022 年 6 月 22 日投票通过了八项立法案，欧盟理事会 6 月 28 日对其中五项形成了初步意见，后续经过三方会谈及欧盟理事会正式通过后即完成全部立法程序。欧盟委员会在修订《土地利用、土地利用变化和林业条例》的提案中，提出到 2030 年全欧盟的净碳移除量要达 3.1 亿吨 CO_2e，与当前每年约 2.68 亿吨的碳移除量相比提高了约 15%；到 2035 年要实现全欧范围内的气候中和，涵盖土地利用、林业和农业领域所有温室气体排放量与移除量，包括农业化肥使用和牲畜排放等非二氧化碳排放；到 2035 年要实现食品和生物质初级生产的气候中和。欧盟委员会提议，为成员国设定具有约束力的自然系统碳汇目标。现行规则的有效期至 2025 年，2026—2030 年，成员国必须承担具有约束力的目标，目标将基于各成员国 2016—2018 年的平均碳移除量或排放量的平均水平，及其可用土地面积的潜在碳汇增量。欧盟委员会将在 2025 年底提出成员国的具体碳移除目标，以及欧盟范围内可采取的措施。此外，提案还要求改善对碳排放和碳移除的监测、报告和核查，跟踪成员国在实现其减排目标方面取得的进展。德国、瑞士、墨西哥等诸多国家或地区在气候法中围绕碳汇范围、目标、评估报告、保障对生态碳汇做出规定。总体来看，各国对于生态碳汇的范围界定存在差异，考虑了地方特色；"碳汇提升目标"较少明确写入法律，即使提及，也往往是与减排目标相配套提出的碳汇定性目标，缺乏发展生态碳汇的定量目标，碳汇保障措施较为笼统。

澳大利亚、新西兰积极推进林业碳汇立法，探索出形式多样的林业碳汇立法模式，在碳汇认定、项目类型、交易模式上各具特色。澳大利亚通过《碳农业法案》（Carbon Farming Act）等法律，鼓励农业和林业项目参与碳汇质押，并提供相关的法律和政策支持。如澳大利亚新南威尔士州在"林业碳汇权是森林权的组成部分"的理论基础上构建碳汇法律体系；西澳大利亚州通过审核批准后登记碳权表格的方式设立碳汇权。新西兰《应对气候变化法》中，将森林以 1990 年为界限进行分类，对于 1990 年后的森林土地所有者，要求其获取因森林生长产生的碳汇收益时，也必须负责该森林因任何形式导致的碳损失（陈孟伟等，2021）。

巴西制定了《亚马孙雨林保护法》（Amazon Rainforest Protection Act）等法律，用于保护和管理亚马孙雨林等重要的森林资源。巴西还通过红杉倡议等项目，推动林业碳汇收益权质押。

三、林业碳汇预期收益权质押现状

（一）我国林业碳汇预期收益权现状

具体来说，林业碳汇是吸收和储存二氧化碳，以达到降低温室气体排放和抵消人类活动产生的碳排放的一种手段。具体来说，可通过林地管理、造林再造林和限制野火等方式来降低温室气体排放。在世界银行的资助下，2006 年的广西珠江流域的森林恢复工程成为世界上第一个清洁发展机制项目。2015 年的广东长隆碳汇绿化工程则是我国首个在发改委备案的CCER 工程，为我国林业碳汇项目的落地提供了重要的经验。我国独特的森林资源环境为林业碳汇项目提供了良好的环境，随着碳中和、碳达峰的理念逐渐深入人心，在实际应用中逐步出现了林业碳汇的质押贷款。2021年 11 月，中国农业银行浙江省安吉县支行成功发放湖州市首笔"林业碳汇贷"140 万元，这也是浙江省农行发放的第一笔与林业碳汇相关的绿色金融贷款。该笔贷款是基于北京绿色交易所对项目碳汇价值的评估，以预期的碳汇收益权作为质押物进行的融资。并且，通过中国人民银行征信中心的动产融资统一登记公示系统，完成对林业碳汇质押情况的注册与公示（左希，2022）。这一业务是碳资产独立融资的新突破，展现了通过绿色金融进行创新的优秀实践，为林业固碳、碳汇富民探索了有益路径，为生态产品价值实现和实体企业融资拓宽了新途径（陈颖，2022）。2022 年 6 月 15 日，第 10 个"全国低碳日"，内蒙古自治区首个林业碳汇预期收益权质押贷款在鄂尔多斯市杭锦旗成功签约。该贷款专为从事林木培育、种植或管理的企业设计。伊泰北牧田园公司将其 50 万亩碳汇林预期收益权作为质押，从蒙商银行获取了 300 万元绿色贷款，用于后续管护，以创造更多的碳汇资源。伊泰北牧田园公司在库布其沙漠地区建立的耐旱灌木林，不仅增强了防风固沙功能，还带来了显著的生态、经济、社会效益和碳固存功能，为当地可持续发展提供了良好的生态保障（帅政，2022）。内蒙古拥有 3.85 亿亩林地和 13.2 亿亩天然草原，其丰富的天然及人工植被资源，是实现碳中和目标的重要基础。此次利用碳汇资源进行质押贷款，是内蒙古自治区在实现碳汇资源的经济价值和扩宽其金融属性方面的积极尝试。2023 年 11 月，中国银行庆元县支行为庆元县安南乡下属强村公司成功投放林业碳汇预期收益权质押贷款 300 万元，为乡村振兴注入强劲动力。

根据不同的增信机制，参考已有文献及地方人民政府网页资料，整理出以下四种典型的林业碳汇预期收益权质押融资模式：

第一种是以林业碳汇项目（未来减排量）的预期收益权质押的模式。典型代表是福建金森森林资源开发服务有限公司于 2021 年向邮储银行三明分行贷款 100 万元，用于林业碳汇项目建设。

第二种模式是在以林业碳汇项目预期收益权为质押标的的基础上，购买林业碳汇价格保险，同时双方约定在贷款到期后，林业碳汇项目所有者按约定价格回购林业碳汇。代表性案例是福建南平顺昌国有林场为了提升森林质量和林业碳汇增量于 2021 年向兴业银行贷款 2000 万元。

第三种模式是以林业碳汇项目预期收益权为质押标的，出质人购买森林综合保险。典型案例是浙江丽水龙泉李汉清家庭农场于 2021 年向龙泉农商银行贷款 20 万元，用于茶叶种植。

第四种模式是以林业碳汇资源价值为质押标的，由当地"两山银行"对林地经营权或林权收储进行担保。典型案例是浙江开化县马金镇花园村于

2021 年向开化县农商行贷款 300 万元，用于绿化造林等生态修复项目。

以上融资模式都是以林业碳汇的预期收益权的质押为基础，在拓宽林业组织与林农融资途径方面取得了显著成效，其金融支持体系采用的"+保险"、"+远期"、"+收储"等模式，这些模式的参与主体存在差异，从不同角度促进了林业碳汇预期收益权质押融资的发展（陈蔚岚等，2023）。

（二）国际林业碳汇预期收益权质押现状

林业碳汇交易是国际碳交易体系的一个重要组成部分，目前我国已成为全球第二大林业消费国，但林业碳汇项目建设还处于起步阶段。2015 年 12 月通过的《巴黎协定》指出，各国应该在一定程度上维护和增强森林生态系统的碳储量和固碳能力，并通过可持续管理森林资源，促进森林生态系统固碳能力的提高。但是，林业碳汇项目建设过程中存在风险大、周期长等问题，使得林业碳汇项目建设所需的经费严重短缺成为其发展的瓶颈。为此，探讨和建立林业碳汇的融资机制，是当前林业碳汇项目建设中亟待解决的问题。当前，全球林业碳汇融资的方式正朝多样化的趋势发展。其中以混合融资模式为主，包括政府主导下的造林再造林、企业主导下的碳汇交易等。数据显示，2016 年的全球林业碳汇项目中39%的项目拥有两个或更多的资金渠道，跟 2015 年比较，复合融资项目变得更多了。此外，国际上还出现了一些新型的融资方式，包括政府资助、项目公司出资、私人投资和环保企业投资等形式。伴随着碳质押、碳保险、碳期权、碳期货以及碳证券等多种碳金融产品的发展及壮大，公共部门和私营机构的参与程度将会逐渐提高，因此，在迅速发展的碳市场中，将会相继地涌现出各种各样的新型林业碳汇融资方式（赵爽等，2019）。碳汇预期收益权质押融资是一种新型的权利质押方式，是指在非自愿性碳交易中，信用良好的 CDM 项目执行方将其拥有的碳资产收益权进行抵押，从而获得银行的信贷支持。但是，当前银行贷款都存在着一定的客户限制，大多是在联合国登记过的 CDM 项目才能得到快速且稳定的贷款，例如水电、风电等，而像 REDD 和 CCER 这样的林业碳汇项目，却很少能从银行那里得到资金。而且，银行通常不会将碳排放权用作质押，更多的是将项目的未来收益用作质押。

第二节 林业碳汇预期收益权质押制度

一、林业碳汇预期收益权质押主体

金融机构以及相关的碳汇交易主体是林业碳汇预期收益权质押融资模式中的主体。其中林业碳汇由出资人直接开发；金融机构多数情况下是指提供贷款服务的商业银行，这些参与碳汇融资的商业银行多数情况下与林业部门有着紧密的合作关系，并且随着绿色金融的发展，创新发展了与林业有关的绿色信贷业务；与碳交易相关的部门有国家发展改革委、CCER审批与核证机构、碳资产管理机构等，其主要负责林业碳汇项目的审批备案，对项目的减排量进行监测、核证、备案、签发，并在碳排放权交易所或指定机构办理碳资产质押登记及相应的权利限制登记；地方政府可以充分调动并集中整合区域内分散的林业资源，最大限度地挖掘和利用林业碳汇，使其价值最大化，由此在政府隐形增信的作用下更加容易通过林业碳汇预期收益权的质押融资获得贷款（秦涛等，2023）。具体来说，参与主体主要包括以下几个方面，第一，林农、林业企业、森林经营者等。他们负责森林的种植、管理和维护，能够产生碳汇。第二，金融机构。银行、信贷公司等金融机构是提供质押融资的主要角色，他们需要评估林业碳汇预期收益权的价值，并决定是否给予质押贷款。第三，林业碳汇交易平台。林业碳汇交易市场或平台对林业碳汇进行交易、定价和登记，帮助交易双方达成交易。第四，与林业碳汇交易相关的政府部门。包括林草主管部门、生态环境部门等，负责监管和政策制定，确保碳汇的合法性和真实性。第五，科研机构。他们提供相关的技术支持、数据监测和科学评估，帮助评估林业碳汇预期收益的验证。通过这几个主体的共同合作，可以有效推动林业碳汇市场的发展，增强林业碳汇的融资能力和市场活力。

二、林业碳汇预期收益权质押客体

将林业碳汇预期收益权作为质押物，以此为基础向金融机构申请贷款，不仅可以满足金融机构的风险控制需求，还可以促进林业碳汇的开发利用。在林业碳汇预期收益权质押贷款模式下，金融机构可以通过对林业碳汇预期收益权的评估，确定其价值，并以此为依据来制定贷款利率和额度等条件。

我国尚没有对林业碳汇预期收益权专门立法，这意味着目前还没有切实可行的法律为林业碳汇预期收益权提供支持和保障。林业碳汇预期收益权作为新型环境权益，其法律属性可在《民法典》物权编关于用益物权的相关规定中找到理论支持。我国林业碳汇权登记管理制度尚处于政策创新期，该制度可以通过不动产登记簿记载碳汇资产产权归属，明确项目实施主体对碳汇收益的合法财产权，赋予其可交易、可融资的物权效力。林业碳汇预期收益权是一种土地所有权的衍生物，是对森林碳汇功能的权属确认。在"双碳"目标背景下，林业碳汇预期收益权的价值超越了资源本身，因为其在应对气候变化、减少碳排放中起到了积极的作用。尤其在目前全球趋向绿色低碳的大环境下，林业碳汇预期收益权有可能成为新的增长点。因此，有必要对林业碳汇进行统一的注册和管理，确保其价值不会因为权属不明晰而受到损失。林草部门，作为直接负责管理森林资源的政府机构，应当在林业碳汇的管理上发挥主导作用，提供技术支持，明晰其经营策略，以此保障林业碳汇预期收益权的价值得以充分体现。

林业碳汇本质上是森林对大气中二氧化碳的吸收和储存作用。通过一系列专项操作，例如项目设计、论证、登记、实施、监测、认证等步骤，森林中的碳被确认并最终转变为可交易的产权客体，而这个过程并不依赖于林木数量的变化。作为一种独特的商品，林业碳汇的价值不仅仅是木材的价值，也包括木材生长所需的林地资源、对森林资源的保护工作以及对森林产品和副产品使用过程中产生的生态服务功能。例如，森林可以提供的生态服务功能包括固碳、节水、减少土壤侵蚀和保护生物多样性等。因此，森林碳汇的经济价值非常大。如果被有效地认证，森林碳汇可以被买卖，在市场上作为降低温室气体排放的一种策略进行交易。这就打开了一条新的利用森林资源获取经济收益的途径，同时也为应对全球气候变化增加了新的工具。

除林权本身的完整性需得到维持外，其包含的使用权、收益权、处置权等细分权益均可依法依规进入交易市场流通，并且在适当的情况下各项权益还可以实现分离。通过对不同森林资源的所有权进行划分，明确了各类森林资源的权属，为森林资源的合理利用提供了依据。林业碳汇的产权是一个复杂的问题，权利主体众多，边界模糊不清。林业碳汇的使用和实际拥有是分开的。作为林业碳汇核心载体的森林生态系统，其物质基础始终通过"确权登记+监督管理"的双轨机制实现有效管控。为确保碳汇交易效力，产权人通过签订具有法律效力的减排量购买协议，明确碳汇使用的时空边界、质量标准及违约责任等条款。

三、林业碳汇预期收益权质押融资

林业碳汇预期收益权质押是一种创新的环保金融工具。这种方式的本质是通过林业碳汇预期收益权的质押融资，助力林业发展并保护环境。林业碳汇预期收益权代表了具有财产属性和可转让性的一种新兴权利。然而，由于目前我国尚未明确林业碳汇预期收益权的法律地位，这一权利如何成为权利主体引起了讨论和质疑。权利和义务关系不清晰，阻碍了林业碳汇预期收益权的法律保护和救济。这种状况的改变需要制度设计完善。我们需要充分认识并研究林业碳汇权这种新兴财产权利的特殊性，推动制度创新，实现林业碳汇预期收益权价值最大化。同时，现代物权法也展示出对各种新型财产权的规范和限制。此外，金融创新理论提出，只要满足相关条件，即可将实践中的新兴资产形式合法化。这种观点进一步强化了林业碳汇预期收益质押融资模式的可能性和其代表的环保倡导。

我国林权抵押贷款的具体法规尚未明确，林业碳汇预期收益权的特性使其成为可能的质押物。但构建林业碳汇预期收益权质押相关的法律制度，需要几个重要的步骤和注意事项。首先，林业碳汇预期收益权应当明确列入可质押权范围。林业碳汇由于拥有可转让性和流动性的特点，其权利质押应有适当的限制。在相关法规建立之前，林业碳汇权利质押行为可以由司法解释或者判例来证实，并且可以参照收费权、未来收益权质押等类似金融产品的法律条款和操作模式。其次，须明确出质人(质物所有者)的责任。在质押过程中，出质人不能转让其权利，同时对质物的质量、价值或其他方面负责。林业碳汇预期收益权作为一种新型的权利类型，尚未得到法律的认可和保护。《民法典》规定，财产权利在质押期间，出质人依法持有所有权，质权人负有妥善保管的义务。出质人可以通过记录在案、公布或其他方式证明其对林业碳汇预期收益的控制权。再次，需要考虑林业碳汇预期收益权质押的特殊性。林业碳汇的存在取决于森林植物的生长，在许多因素(如管理技术、自然灾害等)的影响下，森林碳储量可能下降，甚至发生泄漏，对质押的安全性产生影响。对于这些影响因素，法律应强调出质人的义务，维护质押物的有效性和价值。林业碳汇权质押法规的建立，需要考虑质押人的责任、林业碳汇的特性和影响因素等多个方面。同时，法律也应认可和保护林业碳汇作为一种新的权利类型。

2005—2012 年，我国主要以 CDM 模式参与国际碳交易。2013—2020 年，由于 CERs 的最大需求方欧盟表示欧盟碳排放交易体系(EUETS)从 2013 年开始只将从最不发达国家购入 CERs，导致我国 CDM 签发数量大幅减少，我国的 CDM 一级市场 (与原始减排主体间交易的市场)受限(朱兰，2021)。2017 年 3 月 14 日，国家发展改革委暂缓受理核证自愿减排量(CCER)备案申请。2021 年 3 月，《碳排放权交易管理暂行条例(草案修改稿)》明确，国家鼓励实施可再生能源、林业碳汇、甲烷利用等项目，实现温室气体排放的替代、吸附或者减少，并提出项目实施单位可以申请国务院生态环境主管部门组织对其项目产生的温室气体削减排放量进行核证。2024 年 1 月发布的《碳排放权交易管理暂行条例》虽未直接提及"碳汇"，但明确指出重点排放单位可以按照国家有关规定，购买经核证的温室气体减排量用于清缴其碳排放配额。由国家备案的方法学才可申请项目备案和减排量签发，根据国家发展改革委发布的备案信息，目前涉及林业碳汇 CCER 的 7 个项目方法学分别为：碳汇造林项目方法学、森林经营碳汇项目方法学、竹子造林碳汇项目方法学、竹林经营碳汇项目方法学、可持续草地管理温室气体减排计量与监测方法学、废弃农作物秸秆替代木材生产人造板项目减排方法学、小规模非煤矿区生态修复项目方法学。

第三节　林业碳汇预期收益权质押配套制度

林业碳汇预期收益权质押融资的实践不仅可以促进环境保护，推动经济绿色转型，也是金融创新与投资领域的一个重要步骤。对于政府、企业和社会投资者而言，积极探索和推广林业碳汇预期收益权质押融资模式，对促进全球可持续发展目标的实现具有深远影响。

一、完善登记公示制度

完善林业碳汇预期收益权质押的公示制度对于促进碳汇权质押融资的健康发展至关重要。权利质押的公示方式通常依据是否存在权利凭证来确定：有权利凭证的，通过交付权利凭证设立质权；无权利凭证的，通过登记设立质权。由于经过登记的核证碳减排量凭证无法实现自由流通，而且林业碳汇预期收益权在性质上难以完全交付，因此需要特别规定凭证转移的登记和公示方式。目前，CERs(清洁发展机制减排量)、ERs(减排量)和VERs(自愿减排量)等不同市场上交易的碳汇权均有相应的证书。因此，在碳汇权质权的公示上，应采用登记生效原则。一旦林业碳汇预期收益权完成登记，便确立了法律效力的质押关系。相较于仅通过交付权利凭证设立质权的情况，林业碳汇预期收益权这类无凭证质押通过登记设立质权更具备公信力。借此，贷款人及其他第三方可根据公示内容善意取得碳汇预期收益权质押。公示制度不仅可确保质押的可靠性，也是确保林业碳汇项目透明度、减少不必要争议和提升市场信心的重要手段。

二、完善信息披露制度

建立林业碳汇预期收益权质押融资的信息披露制度是确保林业碳汇项目透明、可信赖的重要环节。信息披露制度有助于吸引投资者、增进各方理解和信心，并确保项目的环境效益最大化。首先，披露项目的基本情况，包括项目地点、规模、目标、预期的碳汇量、实施方案、项目期限等；披露项目可能对当地生态系统及其生物多样性带来的正面或负面影响；披露用于监测、报告以及验证(Monitoring, Reporting and Vertification, MRV)碳汇的技术和方法；明确说明林地所有权、碳汇权属以及质押相关法律条件和限制，涵盖所有权证和使用权许可证等资料。其次，披露质押融资的具体条款，包括融资金额、利率、期限、还款计划、抵押的碳信贷数量等；披露所筹融资的使用去向，确保资金为森林保护和可持续管理所用。再次，披露社会责任等相关事项。如项目涉及当地社区，披露项目如何影响本地居民，包括社区参与、就业激励、收益分享计划等；定期进行的独立审计结果，确保项目的合规性并对外披露审计报告。这些信息披露通常需要通过公正的第三方机构进行，确保信息披露的准确性和公信力，同时也需要符合国家相关法律法规和国际准则。有了这样一个透明和全面的信息披露制度，林业碳汇权质押融资就能够更加有效地促进投资者的信心，降低融资成本，最终达到保护森林、减缓气候变化的双重目的。

三、完善质押监管制度

监督管理林业碳汇预期收益权质押融资的过程是复杂的，需要金融机构、项目开发商、监管部门和其他涉及方紧密合作，确保风险可控、运作透明，最终实现生态价值和经济效益的双重收益。

1. 对林业碳汇标准与林业碳汇量确认

林业碳汇质押融资标准的确定，应参照国际减排项目标准和我国相关法规。同时，需确认项目在整个周期内持续符合这些标准。要监督林业项目的碳汇量是否按照科学方法进行量化，以及第三方是否对这些测量进行了独立的验证。

2. 对林业碳汇预期收益权质押的合规性监管

持续监督项目及融资活动是否符合现行法律法规及碳交易市场规则，要重点关注碳汇权质权设立的合规性。质权人(债权人)与出质人(债务人)应签订书面质押合同，明确约定质权标的、范围、期限、权利义务及违约责任等核心条款。需要注意碳汇预期收益质权与土地使用权、林权等其他财产权的关系及其法律影响。不同国家和地区依其法律体系与实践情况，对林业碳汇预期收益质权的设立与实现、相关交易及风险管理等会有不同的法律规定。在操作具体的项目前，需详细了解当地的法规。质权人在质押物提供了担保作用且债务人违约时，依照法律规定和合同约定来实现自身权益。比如可以通过法院拍卖质押的碳汇预期收益权，以偿还债务。涉及质权的风险与收益分配问题，需在质押合同中明确约定以下事项：当发生林木灾害导致碳汇量减少时，出质人应通过购买碳汇保险、提供补充质押物或支付现金补偿等方式维持质物价值；若因项目实施不到位造成碳汇量不足，出质人应限期整改并承担违约责任。质权人可通过折价、拍卖或变卖质押的碳汇预期收益权实现优先受偿权。如果涉及碳汇权的交易或转让，需要符合国家关于碳排放交易市场的法律、法规，以及遵循相关市场的交易规则。国家或相关主管部门需要对林业碳汇质权的履约情况进行监督，保证质权实现过程的公平、公正。同时监管部门要加强项目执行过程中的透明度，确保所有相关信息，如碳汇量、融资流向、项目进展等，都对投资者、监管机构和社会公众透明，包括在融资期限结束或者约定的退出条件下，质权如何转移或解除，碳汇权如何回归原所有者。

3. 对林业碳汇项目的执行进行监管

首先，对于碳汇项目的融资方案进行评估，包括资金来源、预期使用方式、回报机制等，确保资金的使用透明并服务于实际的林业碳汇项目。其次，林业碳汇预期收益权质押后，林业碳汇项目经营和运行的风险依然存在，为保证质权人的利益，应持续审查项目执行情况，包括植树数量、林地保护、监控技术的使用等，确保项目符合原定目标，有效地产生碳汇效益。同时，监督和管理与碳汇预期收益权质押融资相关的潜在风险，包括市场风险、信用风险、操作风险等，并制定相应的风险防控措施。再次，追踪相关市场和政策动向，适时调整监督机制以适应市场变化和新的政策要求。通过这样一个多层次、多方位的监督体系，确保林业碳汇预期收益权质押融资的稳健运行，最大化其环境和经济双重效益。

第五章

认购林业碳汇替代履行生态环境修复责任

　　随着全球经济的繁荣发展，土地荒漠化、资源枯竭、生物多样性破坏等环境问题也越发突出，气候变暖成为人类面临的最严峻的环境问题之一，而二氧化碳是最主要的温室气体。在此背景下，我国主动承担起大国责任，宣布我国力争在2030年前实现二氧化碳排放达到峰值，在2060年前实现碳中和。随着我国"双碳"目标的提出，如何减缓气候的变化、巩固生态系统碳汇能力以及提升生态系统碳汇增量成为全社会关注的热点。林业碳汇具有效益高、经济成本低和可行性高的特点，是目前实现"双碳"目标最好的着手点，而且可以弥补生态环境修复时所面临的侵权地现实条件不允许、侵权人修复能力不足以及生态修复赔偿金管理存在难题等问题。但目前我国林业碳汇的生态价值还没有充分转化为经济价值，通过参与市场化交易，优化林业产业格局，可以实现生态价值和经济价值双向增长的效果。结合此战略背景，在司法实践中，司法机关与时俱进，创造性地引导行为人通过认购林业碳汇的方式来替代履行其生态环境修复责任。2022年我国出台的《最高人民法院关于审理森林资源民事纠纷案件适用法律若干问题的解释》第二十条规定了对于生态环境损害赔偿责任，允许被告通过认购林业碳汇的方式来替代其履行，但未明确规定认购林业碳汇可以替代生态环境修复责任，因此这种新举措缺乏理论上的论证和支撑。司法适用时的规范化问题存在法律空白，虽然会给予司法机关充分的自由裁量权，但存在没有统一操作模式、在实践中标准不统一以及适用条件各异等问题，会影响到司法的公正性和权威性。

本章以《民法典》规定的生态环境修复责任为基础，旨在厘清认购林业碳汇替代履行责任的概念、特点和性质，丰富替代修复责任承担方式的理论研究，结合当前"双碳"热点话题，明确认购林业碳汇替代履行生态环境修复责任的必要性、可行性和正当性，对替代履行进行合理性分析和内在逻辑阐述，并以目前的司法经验为参考，总结和构建出完善的认购林业碳汇替代履行生态环境修复责任规范化流程，厘清可供认购的林业碳汇，明确其司法适用的条件、程序，建立相关的评估和监督机制，以期完善碳汇司法机制（邹丽梅等，2023）。

在理论层面，丰富了认购林业碳汇的理论研究。由于我国目前没有对认购林业碳汇替代履行生态环境修复责任进行明确立法，相关理论研究并不丰富，导致其在具体使用中存在争议和质疑，而本章从生态环境修复责任的特点和适用困境展开，引申出认购林业碳汇替代履行责任的概念、性质和特点，进一步系统梳理出其替代履行的必要性、可行性以及正当性，可为司法实践中的替代履行提供理论支撑，加强理论与实践的联系，以此减少理论界和学界的质疑，完善生态环境替代性修复的理论体系。并且本章从地方司法实践入手，总结认购林业碳汇案例的办理经验，明确其司法适用的条件和程序，探讨修复评估和资金监督机制的建立，不仅对强化其可操作性具有积极作用，也有助于倒推生态修复制度的完善，加快其立法进程。

在实践层面，本章对认购林业碳汇替代履行生态环境修复责任的规范化进行阐述，有利于统一其操作模式和适用条件，避免出现司法适用混乱的情况，使认购林业碳汇替代履行生态环境修复责任具有可复制性，成为具有广阔发展潜力的生态修复责任替代方式，助力"双碳"目标的实现，对各地司法机关具有借鉴意义。

第一节　认购林业碳汇替代履行生态环境修复责任概述

在探讨认购林业碳汇替代履行生态环境修复责任之前，我们首先要明晰认购林业碳汇替代履行生态环境修复责任的概念、性质、特点以及生态环境修复责任的概念、特点和适用困境，也正是由于其司法适用存在困境，使得认购林业碳汇的替代履行存在适用空间。

一、生态环境修复责任

（一）生态环境修复责任的概念

面对生态环境日益严峻、资源不断匮乏的现状，生态文明建设的进程不断加快，生态环境修复成为当前关注的热点话题，党中央多次强调生态环境高质量修复的重要性。生态环境修复责任是指行为人对其因违反国家规定而造成的环境污染、生态破坏的行为，所要承担的修复生态环境、恢复生态环境服务功能的民事责任。不过生态环境修复责任并没有一开始就被明确载入法条中，在早期的环境司法实践中，行为人多采用损害赔偿等方式承担责任。而其作为一种独立的民事责任被规定在《民法典》第一千二百三十四条也是经历了一段时间的司法观念转变。2014 年修订的《中华人民共和国环境保护法》第三十二条规定，国家加强对大气、水、土壤等的保护，建立和完善相应的调查、监测、评估和修复制度。这是我国首次在法律层面明确了生态修复制度。2015 年实施的《最高人民法院关于审理环境民事公益诉讼案件适用法律若干问题的解释》和《最高人民法院关于审理环境侵权责任纠纷案件适用法律若干问题的解释》两部司法解释中，也提出将生态环境修复作为侵权人的责任承担方式。2016 年，最高人民法院明确提出了要树立以生态修复为主的司法观念，将环境修复作为环境审判的价值取向。2017 年 12 月，中共中央办公厅、国务院办公厅印发的《生态环境损害赔偿制度改革方案》中明确提出要逐步建立生态环境损害的修复和赔偿制度。至此，生态环境修复责任的立法有了坚实基础，此种责任也在司法实践中被广泛采用。

2022 年施行的《最高人民法院关于审理森林资源民事纠纷案件适用法律若干问题的解释》第十七条规定，违反国家规定造成森林生态环境损害，生态环境能够修复的，国家规定的机关或者法律规定的组织依据民法典第一千二百三十四条的规定，请求侵权人在合理期限内以补种树木、恢复植被、恢复林地土壤性状、投放相应生物种群等方式承担修复责任的，人民法院依法予以支持。人民法院判决侵权人承担修复责任的，可以同时确定其在期限内不履行修复义务时应承担的森林生态环境修复费用。但是生态环境修复责任在司法适用的过程中也出现了一些困难，为了保证修复效果，一些司法机关创造性探索出一些替代履行方式。

（二）生态环境修复责任的特点

《民法典》第一百七十九条没有把"生态环境修复"作为民事责任承担方式之一与"恢复原状"责任并列，但是在第一千二百三十四条规定了生态环境修复责任。生态环境修复责任与恢复原状责任不同，具有特殊性。

第一，生态环境修复责任是无过错责任。恢复原状作为民事侵权责任承担方式的一种，其恢复对象是民事主体的权利，包括人身权和财产权，维护的是民事主体私权益，行为人承担恢复原状责任多出现于私益诉讼中。与其他的责任承担方式相比，生态环境修复的恢复对象是生态环境权，维护的是公共利益。因环境损害具有危害性大、潜伏性长、不易修复的特点，基于环境保护和公共利益，生态环境修复责任的归责适用无过错原则。只要行为人造成环境污染、生态破坏的法律后果，就要承担修复责任，不用考虑行为人的主观条件。

第二，生态环境修复责任具有可替代性。由于刑事责任具有惩罚性、行政责任具有处罚性的特点，所以承担此两种责任的行为人不能找第三人代替承责，只能亲自承担责任，具有不可替代性。而生态环境修复责任属于民事责任的一种，让当事人承担生态环境修复责任的目的在于恢复和补偿受损的环境区域、自然要素以及使生态环境服务功能恢复到受损前的状态，具有补偿性的特点而非惩罚性。基于此，生态环境修复责任不苟责必须由行为人亲自进行直接修复，允许行为人通过缴纳赔偿金的方式交由第三方进行修复，并且在无法完全修复的情况下，也允许行为人采取替代性修复的方式恢复生态环境，这就为认购林业碳汇的替代履行提供了可能性。

第三，生态环境修复责任的实现具有技术依赖性。生态环境涉及各种自然要素及其相互关系，这就导致生态环境的修复也十分复杂和漫长，修复的过程中除了需要专业的环境知识外，也可能会运用各种生物、地理、化学和物理等知识，这对修复人的专业技术水平提出了极高的要求。在生态修复过程中，无论是受损环境的鉴定、修复行为的确定还是修复效果的验收都需要依靠技术性的统一标准。因为生态环境修复所针对的是已经受到损害的环境区域和自然要素，为了防止出现损害二次扩张、损害源清理不彻底、恢复基准不统一以及修复过程不统一的情况出现，生态修复活动势必要受到一定的行为技术规范准则的要求与约束，比如《污染场地土壤修复技术导则》、《湿地保护修复制度方案》等，一般的民事主体很难独立进行修复工作。

第四，生态环境修复责任的实现要考虑环境的整体性。环境是一个由各种环境要素形成的聚合体，通过物质循环和能量转换构成的整体。环境具有相互关联性，其各部分不是以孤立的点的形式存在，而是以相互交结的网络系统状的形式存在。所以，对某一区域的环境进行损害也可能影响其他区域的环境安全。同样，对某一特定区域进行环境修复时，也不一定要局限于直接修复方式，可以基于环境的相互关联性和整体性，把生态环境看作一个整体，用间接性、替代性的修复措施对环境和生态系统功能进行整体性、系统性修复，从而实现生态环境总量平衡。

二、生态环境修复责任的适用困境

司法机关一般判定生态环境损害侵权人采用原地"补植复绿"、"增殖放流"等直接修复方式来承担生态环境修复责任，但是在司法适用时往往会面临一些困境，导致不能修复或修复效果欠佳。

第一，会面临侵权地现实条件不允许的状况。并不是所有的侵权地都适合种植树木，比如在福建和贵州等森林覆盖率高的地域，当事人很难找到合适的空地或荒山来进行"补植复绿"，强行修复环境的可操作性不强。此外，在开发程度低的地域去植树造林，也会面临开垦土壤经济成本高、技术不足的问题，这些侵权地并不适合进行生态修复作业。

第二，会面临侵权人修复能力不足的困境。生态环境修复责任的实现具有技术依赖性，修复生态环境是一种具有专业性的项目，生态修复活动既需要修复人具有专业的修复知识，也需要遵循一定的修复技术规范，大部分的行为人虽然能轻而易举地破坏生态环境，却无法进行专业化、技术化的修复。此外，生态环境具有相互关联性，当事人任意进行"补植复绿"会出现树苗间距、土地质量不合格以及种植技术不规范等问题，带来其他生态安全问题。

第三，生态修复赔偿金管理存在难题。区别于行为责任，修复赔偿金只有被真正投入环境修复中，才有收取的意义，而生态环境案件区别于传统的民事案件，涉及的是公共利益，缺少特定的赔偿金"接收人"，各地关于赔偿资金的管理和使用的机关不一致，赔偿资金的使用和管理存在争议。而且我国有关生态损害赔偿金管理办法的相关法律并不健全，体系尚不完善，司法资源也存在不足，同时缺乏后续监管和使用规则，这就很容易导致赔偿金挪为他用，修复进程受阻，修复目标长时间得不到完成。

三、认购林业碳汇替代履行生态环境修复责任

(一)认购林业碳汇替代履行生态环境修复责任的概念

林业碳汇，又名"绿碳"，是指通过造林再造林和森林管理等保护森林的方式，增加森林植被的储碳量，并利用其储碳能力，即通过植物的光合作用来吸收空气中的二氧化碳，将其固定在森林植被中，减少空气中温室气体的含量，并与碳汇市场交易、国家政策制定相结合的一系列活动、机制。与森林碳汇的自然属性相比，林业碳汇更强调森林的社会属性，旨在通过森林保护、减少毁林等人为活动来提升生态环境的固碳能力。

生态环境修复大致可以分为直接修复和替代性修复两种，随着修复为主的环境司法观念的盛行，替代性修复虽然在立法上没有明确的适用前提和具体的修复方式，但在司法实践中得到了推广和创新。直接修复是环境

侵权人最常采取的履责方式，类似"恢复原状"，是指直接在受损的环境区域中进行同种类型同种质量的修复，如原位"补种复绿"、"增殖放流"等。但在实践中，环境侵权人有可能基于经济成本过高、技术可行性较低或没有可操作性等现实原因，而不能对被侵害的环境进行原位原质的直接修复，继而需要采取替代性修复措施进行履责，以使受损的生态环境和生态服务功能恢复到基线水平。近年来，各地法院创设出了异地"补植复绿"、劳务代偿、护林护鸟等替代履行方式。

认购林业碳汇本义是购买林业碳汇，是碳汇交易的一种形式，与同地"补植复绿"相比，认购林业碳汇是司法机关创新的一种间接的、替代性的生态环境修复方式，广泛适用于涉及森林资源的环境损害案件中。当认购林业碳汇作为替代履行生态环境修复责任时，其法律含义是指当行为人违反国家的规定，实施了砍伐树木、破坏森林植被等损害生态环境的行为后，结合碳排放交易市场价格与碳汇损失量，以林业碳汇减排量为交易标的，在人民法院的引导下，由行为人在碳汇交易平台上认购并核销与碳汇量损失相当的经核证或经各省林业局备案的林业碳汇，以市场化的机制将替代修复工作转移给固碳减排主体的一种替代生态环境修复责任，或者在林业碳汇交易机制不健全的省份中，由行为人自愿支付一定量的碳汇购买金至各地专用于种植碳汇林项目的统一账户，用碳汇林增加的储碳量弥补其对生态环境的破坏，替代修复生态环境及其服务功能。

(二)认购林业碳汇替代履行生态环境修复责任的性质

生态环境法律关系涉及公法关系和私法关系等方面，所以对于破坏生态环境所要承担的责任包括民事责任、刑事责任和行政责任，这三种责任相互协调、互为补充，为生态保护和修复提供法律保障。

从生态环境民事责任的逻辑体系出发，行为人污染环境和破坏生态的行为既侵害了自然人的人身、财产权益，又侵害了生态环境利益，前者是对私益的损害，后者是对公共利益的损害。而认购林业碳汇替代履行生态环境修复责任是对后者，即生态环境公共利益的损害所承担的民事修复责任，其恢复对象是生态环境，是直接针对生态环境公共利益进行的救济行为，追求恢复生态环境系统对内和对外的服务功能，而认购林业碳汇的社会公益性决定其不仅能适用于生态环境民事责任，也能在刑事责任和行政责任中予以适用。

在目前的刑事司法实践中，在当事人不具有修复能力或无法修复的情况下，司法机关多采用引导当事人通过认购林业碳汇的方式来替代履行生态环境修复责任，而当事人主动承担修复生态环境的这一行为，在司法刑事案件中通常视为行为人认罪悔罪的态度，可作为从轻处罚的量刑情节（林禹岐等，2023）。其背后的法理依据是，司法机关可以对行为人作出的生态恢复行为进行减刑或出罪的考虑，这符合环境公共利益理论，是一种恢复性司法的实践。与对原告诉讼主体资格较为严格的环境民事公益诉讼相比，刑事案件中适用认购林业碳汇更为频繁，对当事人的教化程度和环境修复效果更好。

对于行政责任来说，行为人用认购林业碳汇的方式来积极履行生态环境修复责任，是不能替代承担其缴纳罚款或违法所得等行政责任的，不能以赔代罚，但是当行为人的行政处罚是种植树木，是为了达到生态环境修复效果而承担的行政责任时，两者具有一定的可替代性，行政机关可将行为人积极履行生态环境修复责任作为减免行政责任的量刑情节。

(三) 认购林业碳汇替代履行生态环境修复责任的特点

第一，认购林业碳汇替代履行生态环境修复责任的实现具有简便易行性。此种责任的承担只需要行为人缴纳与碳汇损失量相当的林业碳汇购买金即可，以市场化的机制将替代修复工作转移给了固碳减排主体，不需要行为人亲自进行生态环境修复，也无需将行为人后续的修复效果纳入影响法院判决的因素。用碳汇购买金来抵消碳汇损失量，不仅能间接地修复生态环境及其服务功能，而且有效规避了履行一般生态环境修复责任所需的技术、现实条件和时间等难点，具有简便易行的特点，所以在实践中当事人较为认可。

第二，认购林业碳汇替代履行生态环境修复责任的实现需要依托完善的碳汇交易平台。当事人所认购的林业碳汇必须是经核证或经各省林业局备案的林业碳汇，需要在正规的流程和平台下进行，才能真正实现修复的效果，同时也能避免碳汇减排量被二次交易，而这就需要各省建立起完善的碳汇交易平台来满足行为人替代履行责任的需求。但由于经济或技术的限制，在未建立碳汇交易平台省份的司法实践中，司法机关多引导行为人自愿支付相应的碳汇购买金至各地专用于种植碳汇林项目的统一账户，由政府主导资金的管理，并调度到需要环境修复的区域进行专款专用。

第三，认购林业碳汇替代履行生态环境修复责任具有非排他性。行为人在承担认购林业碳汇替代履行生态环境修复责任的同时，并不意味着生态环境直接修复责任就失去了适用空间。因为幼苗的生长是一个较长的周期，在此期间幼苗的生态系统服务功能远低于受损前的树木，所以单一的"补植复绿"无法对修复期间的生态环境服务功能进行补偿，而此时我们就可以把认购林业碳汇作为期间损害的替代性修复方式，引导行为人在进行"补植复绿"来承担一般生态环境修复责任的同时缴纳林业碳汇认购金，实现对受损生态环境的全面修复。

第四，认购林业碳汇替代履行生态环境修复责任的实现主要依靠司法机关的引导。在涉及林业资源的司法判例中，司法机关起主导作用，实行"司法+碳汇"机制，引导行为人在碳汇交易平台上认购林业碳汇或自愿支付相应的碳汇购买金，签订有关文件，达成调解协议，做出司法判决书，为行为人认购林业碳汇的推进发挥了重要作用。此外，为了更好发挥法律的指导和保障作用，各省人民法院相继印发了有关司法碳汇的实施意见，为司法实践提供了完善的碳汇修复模式，这也意味着认购林业碳汇替代履行生态环境修复责任逐渐走向制度化、体系化、规范化。

第二节　认购林业碳汇替代履行生态环境修复责任的必要性

司法机关引导当事人认购林业碳汇来替代履行生态环境修复责任的新举措，在司法实践中仍处于探索构建中，且内在逻辑尚没有阐述清楚，本节旨在探讨此替代履行的必要性、可行性和正当性，为其提供理论上的论证和支撑。

一、有利于高效实现生态修复目标

司法是保障生态环境安全的重要环节。环境司法发展至今，鉴于生态修复适用的困境，结合当前国家推行"双碳"目标的战略举措背景，司法机关与时俱进，创造性地运用碳汇交易的方式，引导行为人认购林业碳汇，逐渐成为各地法院所推行的一种生态环境修复责任承担方式。从"补种复绿"到"认购碳汇"的变化，体现了生态文明理念在司法领域中的践行，有利于高效修复生态环境。

环境侵权人采取直接修复措施时可能会面临经济成本过高、技术可行性较低或侵权地没有可操作性等问题，导致修复目标不能被高效修复，此时我们可以采取认购林业碳汇的方式来替代履行生态环境修复责任。因为环境要素的划分并不是以地域为标准，只是出于管理的便利才人为分出各个区域。实际上，不仅环境要素之间存在能量交换与物质流通，而且环境损害也可以进行空间上的转移，彼此之间是相互关联的。基于环境的整体性，我们要用辩证、整体和系统的观点来进行生态修复工作，不能违背环境的本性，不能单一运用直接修复措施孤立地进行修复工作，而应将替代性修复作为行为人履行修复责任的一种常见方式。这种修复方式并非直接针对受损害的环境，而是利用环境要素和损害之间可以相互流通的特性；不再局限于直接受损的生态环境要素本身，而是以碳中和为目的，用间接性、替代性的修复措施对环境和生态系统进行整体性、系统性修复，从而实现生态环境总量平衡，达到修复环境的目标。而且当事人在碳汇交易市场认购的碳汇是通过林业碳汇项目所带来的净碳汇量，并且不用等待树木成熟即可实现对环境的间接修复，从效率上来讲更高效。

此外，认购林业碳汇替代履行生态环境责任具有非排他性，即使是在生态环境可以进行直接修复的情况下，也不影响当事人同时选择直接修复和认购林业碳汇来履行生态环境修复责任，此时认购碳汇主要作用在于弥补种植碳汇林从幼苗到成熟期间的碳汇服务功能。"直接修复+认购林业碳汇"司法模式，可以高效、全面实现生态环境修复目标。

二、实现了对生态环境服务功能的补偿

生态系统服务功能是指人类和其他生物从生态系统运作的过程中所获取的各种益处，通常被分为供给功能、调节功能、文化功能以及支持功能四种。生态系统的调节功能之一表现为固碳释氧，减少温室气体，调节气候，即生态系统碳汇功能，当生态环境被破坏时，依附在其上的碳汇服务功能也必将遭受破坏。而且根据《民法典》第一千二百三十五条第（一）项规定，造成生态环境损害的侵权人需要赔偿的损失包括"生态环境受到损害至修复完成期间服务功能丧失导致的损失"。这意味着行为人在进行生态环境修复时要兼顾生态系统服务功能的恢复，包括生态系统碳汇功能的恢复。但是在现有的涉及环境司法判例中，大多数判决书上没有提及生态系统服务功能的损失，直接要求环境侵权人承担修复生态环境服务功能责任的仅占比26%。大部分的司法机关对环境损害的认识仍停留在表面，混淆了直接生态损失和生态服务功能的损失，导致生态系统服务功能的损失无法得到有效补偿。

其次，就算司法机关意识到生态服务功能的损害需要修复，但只采用"补植复绿"等直接修复措施是无法对期间损害进行高效修复的，因为森林植被从幼苗成长为成熟的储碳林，即从环境损害到恢复至损害前基准线的期间是一个漫长的过程，在此期间植被储碳能力远低于未受到损害的森林储碳能力，单一的"补植复绿"无法对修复期间的生态环境服务功能即生态系统碳汇功能进行补偿，而如果行为人支付足够的林业碳汇认购金，用于产生等量的碳汇量，是可以对此期间的生态系统碳汇功能进行一定程度上的修复，弥补期间功能的损失，这也是对《民法典》第一千二百三十五条的有力贯彻。2021年我国的森林植被总碳储量已达92亿吨，平均每年增加森林碳汇为7亿到8亿吨，充分说明我国林业碳汇储存量十分丰富，可以满足市场上认购碳汇的需求，把生态价值充分转化为经济价值。虽然从结果上看，认购林业碳汇只是对期间的固碳释氧功能进行了补偿，但由于其他能够还原生态系统其他服务功能的介质还在探索中，从总体上看认购林业碳汇仍然实现了对生态环境服务功能的对应性补偿。

三、解决侵权地现实条件不允许和当事人修复能力不足问题

如上文所述，行为人采用原地"补植复绿"的直接修复措施来承担生态环境修复责任时，可能会面临侵权地现实条件不允许和当事人修复能力不足等困境。在森林覆盖率高和土地开发程度低的地域上均很难找到合适的空地进行原位"补植复绿"，现实可操作性不高，而且即使法院同意当事人进行异地补植，虽可解决侵权地现实条件不允许的问题，但往往在司法实践中后续异地种植的修复效果缺乏特定主体进行验收和评估，难以达到预设修复目标，而且跨区域种植树木也需要两片区域的有关机关具有很高协调能力和执行能力，种植树木完毕后也可能产生储碳林归属权的争议，修复作业执行起来问题重重、矛盾频发。

生态环境修复责任的实现具有技术依赖性，环境修复需要当事人具有专业的修复能力，要具备专业的环境、物理、天文和生物等知识，以防损害二次扩张、侵害公共利益的情况出现，同时还要熟知各种修复技术行为规范，统一规范恢复基准和修复过程。无论是经济技术水平、组织修复能力，还是防范风险意识都是普通行为主体无法具备的。而认购林业碳汇是一种简便易行的替代履行方式，只需行为人交付一定的碳汇认购金即可，没有任何技术性难题。认购林业碳汇是利用环境要素的相互关联性，通过间接性、抽象性的措施来弥补生态环境及其服务功能的损害，抵消受损环境的碳排量，而且此责任的实现主要依靠司法机关的引导，并且不需要行为人具有一定的修复能力或者找到合适的侵权地修复土壤，可有效避免区域争议和解决侵权地现实条件不允许和当事人修复能力不足的问题。

四、避免生态修复赔偿金管理使用难题

由于生态环境修复是一个长期且具有技术性的工程，被判决承担环境侵权责任的行为人往往以交纳生态环境修复赔偿金的方式履行责任，这在我国《生态环境损害赔偿管理规定》第九条也有体现，即：生态环境损害无法修复的，赔偿义务人应当依法赔偿相关损失和生态环境损害赔偿范围内的相关费用，或者在符合有关生态环境修复法规政策和规划的前提下，开

展替代修复，实现生态环境及其服务功能等量恢复。但是在立法上生态修复赔偿金的去向没有具体的规定，只是笼统地要求赔偿金要用于生态环境修复，所以赔偿金的具体去向在司法实践中做法也不一致，大致有政府部门、第三方基金机构和国库三种。从效用上看，交由政府部门或国库的都不是直接用作受损害的生态环境的修复，而是作为各级政府的非税收收入纳入一般公共预算中，统筹用于修复各种环境的相关工作中；基金会受制于技术原因，很难有效将赔偿资金投入生态修复建设中。大众获取赔偿金动向的渠道很少，在实践中生态修复赔偿金管理和使用面临种种困难。而且我国生态损害赔偿金管理相关法律并不健全，有关赔偿资金的管理和监督仍处在探索阶段。受制于案件办理时效和司法资源的不足，现实中很难做到专款专用和高效率地恢复受损害的生态环境。但是如果当事人在碳汇交易平台认购经核证或备案的林业碳汇，碳汇认购金直接流入碳汇市场，政府和法院皆无法扣留或使用，可有效防止修复资金挪作他用。而当事人选择把碳汇购买金缴纳至各地方的统一账户时，钱款则会在政府机关的监督下专用于碳汇林项目建设中，针对性更强。两种资金的流向无论选择哪种都可以保障认购金专用于修复受损的生态环境和固碳能力，有利于提高资金使用效率，避免生态修复赔偿金管理使用难题，实现最终修复目的。同时可以激发司法机关的主观能动性。如福建省顺昌县结合实际情况首创"一元碳汇"项目，推进"双碳"目标实现，打造绿色低碳发展模式。

第三节　认购林业碳汇替代履行生态环境
修复责任的合理性

一、符合国家实现"双碳"目标的要求

碳达峰是指我国承诺在 2030 年前，二氧化碳的排放量达到最高值，之后持续下降的过程，代表着经济发展与碳排放实现脱钩。碳中和指的是到 2060 年前，我国将通过植树造林、碳封存等措施，抵消由人类活动直接或间接产生的二氧化碳排放量，实现二氧化碳"零排放"目标。认购林业

碳汇并替代履行生态环境修复责任，这一做法有利于促进"双碳"目标的实现。具体表现为三个方面：

第一，从"双碳"目标的法治实现体系上看，其大致分为两种，一种是依靠直接规制法律机制，另一种则是依靠间接规制法律机制。前者是直接以生产生活中产生的二氧化碳排放量和强度为规制对象，以行政规制和市场机制为手段，专门以碳达峰和碳中和为目标而创新的一套分阶段分类型的法律制度体系，具有专向性和直接针对性的特点。后者则是以与二氧化碳有关的个人消费活动或企业的生产活动为规制对象，以行政激励、限制和市场激励的手段，间接控制二氧化碳等温室气体排放的法律机制，具有间接性的特点。根据上述两种法律机制的定义与特征，我们不难发现当事人认购林业碳汇是直接规制法律机制的一种，以林业碳汇减排量为交易标的，是专门为实现"双碳"目标而诞生的司法保障机制。

第二，从"双碳"目标的法治建设路径上看，其大致分为两种方式：一种是对现有法制进行"低碳化"梳理；另一种是发挥主观能动性，开展法制创新。前者可以从三个角度切入：从立法角度，要对现行法律法规进行梳理修订，加强与"双碳"目标之间的联系，完善碳排放相关法律；从行政执法角度，以行政指导、处罚和激励为手段，激发社会公众节能减排、绿色发展意识；从司法角度，发挥司法机关的自由裁量权，秉持节能减排理念进行法律解释和法律援引。而后者则是针对"双碳"目标进行司法机制创新，并注重发挥市场机制的激励作用，认购林业碳汇便是对后者的具体体现。

第三，从"双碳"目标实现路径和核心任务上看，根据中共中央、国务院印发的《关于完整准确全面贯彻新发展理念做好碳达峰碳中和工作的意见》，实现"双碳"目标要从能源结构优化以降碳减排、生态系统保护修复以增强生态碳汇能力等多维度发力，全方位推动经济社会发展全面转型。认购林业碳汇作为司法机关积极探索的用于替代履行生态环境修复责任的方式，其实质是以另一种方式进行固碳减排，使"绿水青山"通过碳汇交易变成"金山银山"，完美契合了增加碳汇能力的需求，将行为人所支付的碳汇认购金用于种植碳汇林或认购经核证或备案的林业碳汇，以此来减排增汇，助力我国"双碳"目标稳步推进，实现"减排"和"增收"良性互动（宋平等，2023）。

综上，认购林业碳汇替代履行生态环境修复责任符合"双碳"目标的要求。

二、契合恢复性司法理念

以认购林业碳汇的方式来替代生态环境修复行为，体现了恢复性司法理念在环境领域的盛行以及环境司法专门化的探索进程，这一方式并非凭空而生的。2021年5月，《世界环境司法大会昆明宣言》明确将恢复性司法措施作为保障公众环境权益、解决环境纠纷的四项措施之一。恢复性司法主要应用于生态环境类犯罪领域，其理念根源可追溯至我国封建社会的保辜制度，即犯罪人在法定期限内积极主动救助被害人，修复受损的社会关系，量刑结果依据恢复程度而定。在犯罪案件不断增多、司法资源日益紧张的20世纪70年代，恢复性司法理念作为一种传统司法理念的替代性方案一跃而起。2015年实施的《关于审理环境民事公益诉讼案件适用法律若干问题的解释》和《关于审理环境侵权责任纠纷案件适用法律若干问题的解释》将生态环境修复责任界定为民事责任承担方式之一，即"恢复原状"责任的具体形式，客观推动了恢复性司法理念成为环境案件的主导理念。

首先，恢复性司法理念的核心特征是恢复性，其目的在于实现修复正义，使社会关系、人和自然的关系、被害人的权利或社会权益恢复到犯罪前的状态，既注重恢复的过程，又注重恢复的结果。认购林业碳汇最终目的就是使受损的生态环境及其服务功能恢复到基线水平，同样注重生态恢复的过程和程度，这无疑与恢复性司法理念不谋而合。其次，生态环境法律责任涵盖民事、刑事、行政责任等多元维度，破坏环境行为需承担复合型责任。我国环境司法专门化进程中推行的民事、行政、刑事"三合一"归口审理机制，通过整合审判职能，有效解决认购林业碳汇等责任涉及的多重法律关系问题，统筹维护民事主体、社会公众及行政相对人的权益。该机制既符合环境法律体系综合性特征，又通过恢复性司法理念创新，如碳汇补偿、替代修复等责任承担方式，实现生态环境损害的实质修复，体现了司法对生态文明建设的制度支撑。再次，与传统司法惩罚性理念相比，恢复性司法以自愿性为基础构建协商机制，通过多方参与达成共识。这种自愿性体现在：一方面要求犯罪人真诚悔罪并主动承担责任；另一方面，强调被害人、社区等利益相关方的平等参与权，在林业碳汇认购等责任承担方式中，也明确要求遵守自愿补偿原则。这种制度设计既尊重当事人意愿，又通过修复性措施实现社会关系实质改善。

与传统处理环境案件重刑罚、轻治理的理念不同，恢复性司法理念鼓励行为人采取"补植复绿"、"增殖放流"等直接修复方式对其损害的生态环境进行直接恢复，并根据其恢复结果对其本应承担的其他法律责任进行从轻、减轻等裁量处理。而对于受损生态环境不可直接修复的情况，允许当事人采用异地"补植复绿"、认购林业碳汇等替代性方式进行修复，在惩罚违法行为人破坏环境的基础上，最大程度上修复了生态，保护了环境公共利益。此外，与直接支付生态环境修复金的行为相比，认购林业碳汇的资金要么直接流入市场交易中，要么被缴纳至专用于碳汇林项目建设中，可以保证其用于修复受损的生态环境及其固碳能力，不存在被挪作他用等难题，符合在恢复性司法理念指导下最大限度修复生态、保护环境公共利益的目标。

三、符合"谁破坏、谁修复"原则

随着环境正义理念的引入，国内有关生态环境的司法判决运用此理念的频率逐渐增加。环境正义是指人类在享受环境所带来的权利的同时要负担其相应的环境义务，这与我国《民法典》的权利义务一致原则相契合，而这种义务和责任的承担要进行公平地分配，在环境侵权领域中具体表现为"谁破坏、谁修复"，即损害者负担原则，这也体现在《环境保护法》第五条"环境保护坚持保护优先、预防为主、综合治理、公众参与、损害担责的原则"中，而行为人认购林业碳汇就是此种原则的具体表现方式之一。一方面，由损害者负担可以有效避免行政机关和司法机关的职责过于扩张，从而出现行政和司法资源有限导致修复环境不及时、不充分的现象出现，不利于生态环境的保护。另一方面，如果只是一味追究损害者的刑事责任而不鼓励其履行相应的环境义务，如"一罚了之"，不仅不能及时恢复生态系统的服务功能和维护生态环境公共利益，而且相当于间接地把修复环境义务转移给了社会，因为环境修复资金最终是由公众的财政税收中支出，这不符合环境正义、司法公平的理念，会导致"环境破坏、群众受害、政府买单"的困局出现。

环境损害具有隐蔽性强、危害性大、潜伏性长、不易修复的特点，相比于单纯的交纳生态修复赔偿金，认购林业碳汇针对性更强，可以保障认购金专用于修复受损的生态环境及其固碳能力，有利于实现最终修复目的，避免赔偿金的管理使用漏洞，也更加符合"谁破坏、谁修复"原则的基本立意。现在仍有许多司法机关没有认识到生态环境修复也要兼顾生态环境服务功能，这就导致有一部分的当事人在实施破坏生态环境的行为后，所要承担的责任并不包括生态功能的救济，其责任和义务没有被公平地分配，不符合环境正义理论。但是如果当事人以认购林业碳汇的方式替代履行生态环境修复责任时，是可以弥补生态服务功能损失的，符合"谁破坏、谁修复"的原则。

四、符合风险预防原则

风险预防原则是指为了保护生态环境和降低人类破坏环境行为的影响，国家和社会不得以缺乏科学依据为由，拒绝采取广泛并符合成本效益原则的预防性措施。该原则起源于德国的空气环境法，在之后的《世界自然宪章》、《伦敦宣言》、《欧洲联盟条约》和《里约环境与发展宣言》均有体现，并逐渐从环境法领域扩展到其他领域中，成为具有国际影响力的一项基本原则。风险预防原则的适用要满足以下四个特点：

第一，要有潜在的危险性，认购林业碳汇替代履行责任适用于林业碳汇遭受损失的案件，有关气象研究表明以二氧化碳为主的温室气体的增加会带来全球变暖的后果，对当前生态系统具有潜在的危险性，需要及时采取修复措施。

第二，二氧化碳是否是导致全球气候变暖的重要原因其实缺乏直接的科学依据，该说法出自联合国某气象机构一个评估报告，虽然全球气温的变化趋势与二氧化碳等温室气体含量变化趋势相似，但由于环境污染的复杂性、多因性以及受限于当前的科技水平，很难证明两者之间具有直接的因果性。

第三，由于缺乏因果性的直接证明，所以认购林业碳汇来弥补生态固碳的服务功能既是一种对生态环境本身的事后修复行为，也是一种预防温室效应的预防措施。

第四，认购林业碳汇符合成本效益原则，虽然没有直接的科学依据能够证明二氧化碳含量的增多就是导致全球气候变暖的直接原因，但是根据相关气象报告以及两者相似的变化趋势，碳达峰和碳中和仍是我们目前生态文明建设的目标，而且认购林业碳汇是在符合本国国情和尊重当事人经济条件前提下适用的，不具有强制性。综上，生态环境替代修复责任也是风险预防责任的一种体现。

第四节　认购林业碳汇替代履行生态环境修复责任的可行性分析

一、林业碳汇交易市场逐渐成熟

如前文所述，认购林业碳汇替代履行责任的实现要在人民法院的引导下，在碳汇交易平台上认购并核销与碳汇量损失相当的经核证或经各省林业局备案的林业碳汇，以市场化的机制将替代修复工作转移给固碳减排主体，这就需要依托各省建立的碳汇交易平台和市场，或完善正规的交易市场，以有效避免碳汇减排量被二次交易，真正实现生态环境修复的效果。

碳交易市场是应对温室效应最具成本效益的工具，从 2011 年开始，我国在北京、上海、天津、重庆、广州、湖北和深圳等七个省（市）开展了碳排放权交易试点工作，主要交易商品为碳排放交易额和国家核证自愿减排量（CCER）。近年来，碳市场建设日益完善。随着"双碳"目标的宣布，林业碳汇项目作为自愿减排交易的一种，成为碳市场交易最受瞩目的产品，国家各层面都在为林业碳汇交易的建设提供政策和制度上的支持。比如国务院发布的《2030 年前碳达峰行动方案》直接指出要建立健全市场化机制，推进碳排放权的市场建设，研究制定碳汇项目参与全国碳排放交易相关规则；国家林草局则编制了《竹子造林碳汇项目方法学》、《竹林经营碳汇项目方法学》、《碳汇造林项目方法学》和《森林经营碳汇项目方法学》等，为林业碳汇交易市场的完善和林业碳汇价值的认定扫清了制度上和技术上的障碍。从现实层面上看，除了 CCER 机制下的林业碳汇项目以及地方核证自愿减排机制下服务于特定省份的林业碳汇交易，如福建省林业核证减排量项目（FFCER）和广东省省级林业碳普惠制核证减排量项目（PHCER）之外，福建省三明市、陕西省、贵州省、安徽省滁州市也先后推出了林业碳票制度，建设银行四川省分行协助四川联合环境交易所建设的"点点"碳中和平台，开创了碳中和领域的线上交易，这都说明我国林业碳汇交易市场日益成熟，可以为行为人的认购提供充足的碳汇和正规的平台（马雯雯等，2020）。

二、林业碳汇损失可以量化

认购林业碳汇的价格是依据林业碳汇的损失量并结合碳汇的市场价格计算出来的，我国林业碳汇的交易市场和测量技术已经日益成熟，所以如何将遭受损失的生态价值兑换成相应的林业碳汇量，是实现认购林业碳汇的关键与难题，这也是认购林业碳汇在司法实践中遭受质疑的原因之一。随着"双碳"目标的提出，固碳减排已经成为全国关注的重点，这几年各省也陆续出台了林业碳汇损失的计量方法，这说明林业碳汇损失的计算逐渐变得专业化、系统化和制度化，也为当事人通过认购林业碳汇来替代履行生态环境修复责任提供了可行性。如2022 年9 月，福建省高级人民法院联合省林业局发布了《关于在生态环境刑事案件中开展生态修复适用林业碳汇赔偿机制的工作指引（试行）》，其中包含了《福建法院刑事司法林业碳汇损失量计量方法（试行）》，该指引结合当地实际情况，依托国家有关碳汇项目的方法学和造林技术，区分不同案件和犯罪类型所对应的碳汇损失量来计算受损林业碳汇量，对林业碳汇损失计量方法和赔偿方式予以明确和细化，破解了林业碳汇损失鉴定难、费用高、周期长以及鉴定标准不统一等突出问题，使认购林业碳汇替代履行生态环境修复责任具有可复制性、操作性，具有广阔的推广空间。此外，浙江省丽水市成立了国内首个"森林碳汇管理局"，很大程度推动了森林碳汇核算、森林碳汇交易等工作。并且在2023年3月召开的十四届全国人大一次会议第二次全体会议上，福建法院创新林业碳汇损失计量及赔偿机制被写入了最高人民法院工作报告。也许不久后国家就会出台统一的碳汇损失计量标准，为认购林业碳汇提供有力的法律保障。

三、通过当事人认可的方式更具有实效性

在恢复性司法理念的指导下，在涉及环境资源类的刑事案件或刑事附带民事公益诉讼案件中，人民法院通常将当事人自愿履行生态环境修复责任视为一种悔罪态度，作为从轻处罚的量刑情节予以认定，由于当事人已经构成犯罪，为了减轻刑罚，他们自然认可生态环境修复责任的承担；在环境损害民事赔偿类案件中，行为人认购林业碳汇被视为承担民事责任的表现予以认定；在涉及树木资源的行政案件中，认购林业碳汇被视为减免行政责任的量刑情节，所以大部分的当事人都会积极履行生态环境修复责任以换取法律责任的减轻。而当事人对修复责任的承担大都采取直接修复方式或替代性修复方式，但是如果选择采取增殖放流、原地"补植复绿"等直接修复行为，人民法院通常要将后续的修复效果纳入其考量的范围，而修复周期本身较长，再加上行为人可能出现上文中提出的修复能力不足、侵权地现实条件不允许等问题，使当事人更愿意积极采取缴纳碳汇认购金的简单方式来替代履行生态环境修复责任(徐军等，2021)，也就不会出现后续法院执行难、认购资金不到位的问题，这为认购林业碳汇替代生态环境修复责任的履行扫清了障碍、提供了可行性。

四、有现行法律规定作依据

第一，《最高人民法院关于审理森林资源民事纠纷案件适用法律若干问题的解释》第二十条规定："当事人请求以认购经核证的林业碳汇方式替代履行森林生态环境损害赔偿责任的，人民法院可以综合考虑各方当事人意见、不同责任方式的合理性等因素，依法予以准许。"这是国家首次以司

法解释的形式规定认购林碳汇可以作为承担环境损害责任的一种方式，将地方司法实践的成果法律化。因此，行为人认购林业碳汇来替代履行生态环境修复责任也有了法律依据。

第二，《生态环境损害赔偿管理规定》第九条规定，生态环境损害可以修复的，应当恢复至生态环境受损前的基线水平或者生态环境风险可接受水平……生态环境损害无法修复的，赔偿义务人应当依法赔偿相关损失和生态环境损害赔偿范围内的相关费用，或者在符合有关生态环境修复法规政策和规划的前提下，开展替代修复，实现生态环境及其服务功能等量恢复。即在无法进行原地同质的直接修复时，法律认可行为人进行替代性修复，使生态环境价值恢复到受损之前的基准线上。这为认购林业碳汇替代履行生态环境修复责任的司法适用条件提供了一条指引，即替代修复在生态环境无法直接修复的前提下适用。

第三，2023 年 2 月，最高人民法院发布了《关于完整准确全面贯彻新发展理念为积极稳妥推进碳达峰碳中和提供司法服务的意见》，提出"要坚持生态修复优先，处理好固碳和增汇的关系，积极引导和规范侵权人购买碳汇产品折抵赔偿碳汇损失、生态环境受到损害至修复完成期间服务功能丧失导致的损失"。进一步明确了认购林业碳汇的必要性，其不仅可以高效修复生态环境，还可以实现对生态环境服务功能的补偿。各地司法机关应总结经验、发挥主观能动性，加强引导行为人认购林业碳汇并建立完善的审判机制。该意见为后续涉碳司法案件提供了明确的指引。

五、有相应司法经验可供借鉴

把国家的引领作用与地方实践有机结合起来，发挥自上而下和自下而上的合力作用，通过地方试点活动可总结出相关实践经验并向全国推广，从而推动立法政策的完善，而立法政策的完善亦为各地实践的创新提供制度保障，这是我国发展至今的重要经验，这种经验同样适用于环境司法领域。认购林业碳汇不是凭空的设想，而是由福建省顺昌县人民法院自主探索的替代履行生态环境修复责任的一种方式，2021 年以来，福建省就将乐县等地方人民法院在司法实践中探索出的认购林业碳汇作为替代履行生态环境修复责任的一种修复方式，因为与我国"双碳"目标相契合所以被迅速推广，全国各地法院纷纷效仿，将其引入司法实践。从案件的分布上看，行为人以认购林业碳汇来替代履行生态环境修复责任的案件主要集中于森林覆盖率高的省份，如福建、贵州和四川省等，丰富的林业资源使环境侵权人很难找到合适的空地去"补植复绿"，但其丰富的林业碳汇储备量却为认购碳汇提供了便利之处，丰富了地方法院办理涉碳案件的经验。

　　此外，在我国环境司法专门化的探索进程中，不仅为涉及碳汇交易、碳汇产品等案件提供了审判规则，而且其民事、行政和刑事的"三合一"归口审理机制可有效解决涉碳案件涉及民事、行政和刑事等多种法律关系的特征，为涉碳案件的审理提供丰富的司法经验。在适用认购林业碳汇替代履行的实践中，各地法院已经逐渐总结出其司法适用的条件和流程等经验，相继出台了各种办理意见和制度指引，比如贵州省雷山县人民法院出台了《关于建立司法碳汇补偿机制的意见(试行)》，基本形成了"五书一令"的案件办理流程，即《认罪认罚具结或承诺书》、《碳汇补偿认购申请书》、《碳汇补偿评估鉴定委托书》、《林木需认购碳减排量意见书》、《碳汇认购令》和《碳汇认购证明书》，这有利于促进立法制度的完善，为认购林业碳汇的司法实践提供制度保障，从而促进其适用规范化、系统化的发展，使其确实可行而非纸上空谈。此外，各地司法机关也对认购林业碳汇的形式进行了积极的探索，如福建省顺昌县首创的"森林生态银行"和"一元碳汇"项目，为认购林业碳汇的推广提供了丰富的司法经验。

第五节　认购林业碳汇替代履行生态环境修复责任的建立

　　认购林业碳汇替代履行生态环境修复责任作为司法实践的新举措，缺乏统一的操作模式，在实践中标准不统一、适用条件各异，影响司法的公正性。所以本节主要探讨其适用条件和适用程序，明确可供认购的林业碳汇以及构建认购资金的管理制度，以期规范其司法适用，便于推行。

一、明确适用的条件

(一)以存在碳汇功能损失的环境案件为适用范围

进行生态环境修复作业时应选择最有效的修复方式，而认购林业碳汇的直接效果在于修复生态环境的碳汇服务功能，进而达到固碳减排的修复目的，所以在存在碳汇功能损失的环境案件中采用认购林业碳汇来替代履行生态环境修复责任是最为合适的，而存在碳汇功能损失的环境案件可以大致分为森林资源受到损害的环境案件和湿地、草地、海洋等其他碳汇载体受到损害的环境案件两种。在司法实践中适用此种替代修复方式多出现在前者，即森林资源受到损害的环境案件中，这也是争议最少的适用案件类型，因为森林资源的破坏直接损害了森林的固碳能力，以认购林业碳汇来弥补森林环境案件林业碳汇的损失既符合生态修复的原理，又满足了固碳减排的目的。此外，《最高人民法院关于审理森林资源民事纠纷案件适用法律若干问题的解释》第二十条明确规定了当事人可以请求以认购经核证的林业碳汇方式替代履行森林生态环境损害赔偿责任，这为司法机关在森林资源受到损害的环境案件中适用认购林业碳汇的做法提供了一定的法律依据。

虽然法律没有明确规定在湿地、草地和海洋损失的环境案件中也可以通过认购林业碳汇来替代履行生态环境修复责任，但类推适用，湿地、草地和海洋同样具有生态固碳能力，虽然其碳汇储量不如林业碳汇丰富。当这些碳汇载体受到侵害后，湿地、草地以及海洋碳汇也同样遭受了损失，参照认购林业碳汇的替代修复机制而认购对应的碳汇可以弥补碳汇损失，但是司法实践中对于湿地、草地和海洋等碳汇的认购机制仍处于探索建设中。从可操作性的层面上看，目前在湿地、草地和海洋损失的环境案件中适用认购林业碳汇替代履行责任是较为合适的。此外，在碳排放超标的案件中同样适用认购林业碳汇，以抵消超标碳排放的后果。

而与此相对的，在非法捕杀捕捞野生动物、非法采矿等案件中不应适用认购林业碳汇，因为此类案件不涉及碳汇的损失，与固碳减排的关联性很弱，用认购林业碳汇来修复此类案件造成生态损失明显不符合修复的原理和出发点，无法恢复其直接受损害的生态服务功能。虽然目前仍没有更好的修复方案，但如果司法机关为了追求"双碳"目标而一味地机械适用认购林业碳汇，会逐渐演变成"口袋式"的承责方式，这不仅不利于环境恢复和保护，也会打消各地司法机关的主观能动性，不利于更好的替代履行方式的创新。

(二) 以生态环境无法直接修复为适用前提

承担生态环境修复责任的基本修复措施可以分为直接修复和替代性修复两种，而认购林业碳汇就是司法机关积极探索的新的替代性修复措施。因为生态环境修复措施要服务于修复目标，所以环境的修复效果决定了两种修复措施的适用顺序。直接修复措施是通过"原位同质"修复的方式来使受损害的环境要素恢复到基线水平状态，是以受损的具体环境要素和具体权益为修复对象。从修复效果上看，直接修复是最能实现完全填平效果的措施，可以较好地恢复被侵害客体的完整权益，类似"恢复原状"。而替代性修复则是在行为人无法进行"原位同质"修复时采取的措施，利用环境整体性，以"异位异质"的方式将受损环境的具体损害和权益进行抽象性、整体性修复(张宝等，2022)。从修复效果上看，替代性修复方式作用范围很广，把受损地纳入全国生态环境整体进行了修复，而非直接针对受损的环境，这就导致特定受损的环境修复效果欠佳，不契合完全赔偿原则的核心要义。所以替代性修复措施的修复效果要弱于直接修复措施，因此在适用认购林业碳汇之前应先考量受损环境是否有直接修复的可能性，只有在生态环境无法直接修复的时候才能够以认购林业碳汇替代生态环境修复责任。这同样在《生态环境损害赔偿管理规定》第九条中有所体现，"生态环境损害无法修复的，赔偿义务人应当依法赔偿相关损失和生态环境损害赔偿范围内的相关费用，或者在符合有关生态环境修复法规政策和规划的前提下，开展替代修复，实现生态环境及其服务功能等量恢复"。滥用认购林业碳汇的替代性修复措施容易导致以金钱买刑罚的不良情况出现，不利于实现环境修复。

从司法实践上看，生态环境无法直接修复的情形大致可以分为三种：一是受客观条件限制，难以对受损生态环境进行同等类型和质量的直接修复，如在森林覆盖率高和土地开发程度低的地域上均很难找到合适的空地进行原位修复；二是修复技术不足，生态环境修复本身十分复杂，修复过程中可能会运用到环境、生物、地理等各种知识，对修复技术水平有较高的要求，很可能会因为修复技术缺失导致无法直接修复；三是修复经济成本过高，即由于经济不合理而导致直接修复难以实现。综上，只有当生态环境修复过程出现上述三种情形之一时，才能以认购林业碳汇来替代履行生态环境修复责任。

(三) 尊重当事人的意愿

在办理环境破坏类案件时，相关司法机关应坚持自愿补偿原则，尊重当事人的意愿，告知当事人破坏环境的行为会导致碳汇服务功能和生态环境遭到损害，以及通过将林业碳汇认购资金用于种植碳汇林可以修复受损环境和服务功能，引导当事人主动缴纳林业碳汇认购金，而不能进行强制认购。因为人民法院通常将当事人自愿履行生态环境修复责任视为悔罪的表现，作为从轻处罚的量刑情节予以认定，强制当事人认购林业碳汇不符合其设定为从轻处罚情节的初衷，而且认购碳汇的自愿色彩也契合恢复性司法理念。当事人自愿认购林业碳汇说明其不存在意愿不强或经济困难的情况，这就保证了法院后续不会出现执行难的问题，保证了生态环境的修复效率，同时其主动认购碳汇的行为也反映出破坏生态环境行为的主观恶性不大、再犯可能性不高，满足设立减轻刑罚的初衷，在节约司法资源的同时也能向社会引导"损害者担责"的风气，提高群众主动修复生态环境的意识。此外，碳达峰和碳中和是我国各方面关心的热点话题和未来发展的重要目标，其具有多领域、全面性和整体性的特点，目标的实现需要各层面的协同推进，单纯依靠国家的立法和行政是不够的，需要在社会层面上树立相关意识。但大部分未接触相关领域的普通公众对"双碳"、"林业碳汇"的认识仍停留在教科书、新闻等载体上，对其真正的含义和价值了解颇浅。如果各地司法机关在尊重当事人意愿的前提下，引导而非利用国家公权力逼迫当事人参加认购林业碳汇，有利于加深公众对于林业碳汇的价值认识以及碳达峰、碳中和的社会经济意义，提升碳交易的活跃程度，激发起公众的节能减排、绿色发展意识，达成生态效果、法律效果和社会效果的三重实现。

(四)综合考量实际因素

实践中替代性修复措施种类庞杂，常见的有异位"补植复绿"、劳务代偿和认购林业碳汇，在生态环境无法直接修复时不能机械适用认购林业碳汇一种方式，应以修复效果为出发点，结合实际因素进行综合考量，选择最优的、最能够实现等量恢复的替代性修复措施（刘超等，2022）。一方面，由于森林不仅具有固碳减排的生态服务功能，还具有涵养水源、防风固沙等其他功能，而认购林业碳汇只能实现对固碳一种服务功能的修复，对于其他生态服务功能的修复效果欠佳。而异地"补植复绿"与认购林业碳汇相比，前者仅仅是对区域的替代，树木成熟后是可以实现对受损环境的生态服务功能进行全面修复的，后者则不仅是对区域的替代也是对生态环境要素与功能的替代，对于受损地的生态环境修复没有太大针对性。生态环境损害的程度往往是从中心向四周递减，进行种植树木的地点离环境受损地越近，生态修复效果越好，而异位"补植复绿"的地点往往是毗邻受损地域的，这就决定了其替代修复措施的合理性和有效性，所以从修复效果上看，异位"补植复绿"的替代要优于认购林业碳汇的替代。另一方面，选择替代性修复措施时不仅要考虑其修复效果，也要注意其经济成本和可行性。如上文所述，异位"补植复绿"对国家机关的协调能力和执行能力提出了较高的要求，这无形中也增加了沟通成本，并且最后还可能产生储碳林归属权的争议，而且异位"补植复绿"的森林植被从幼苗成长为成熟的储碳林期间的生态服务功能也无法得到维持，所以从经济和执行效果上看，认购碳汇要优于异位"补植复绿"。总之，两者各有利弊，在司法实践中司法机关要综合考量修复效果、修复难度和修复成本等实际因素，根据具体案件具体分析，进行利弊衡量来选择最优的替代修复措施。

二、厘清可供认购的林业碳汇

(一)明确可供认购的林业碳汇类型

在司法实践中，并非所有的林业碳汇项目都能进行认购，可供行为人认购的林业碳汇应满足"额外性"的要求（庄奇桦，2022），即所认购的林业碳汇项目所带来的净碳汇量相比于基线碳汇量必须是额外增加的，不能是按照其本身的生长模式就可以增加的碳汇量。我国国内现阶段用于交易的林业碳汇主要是 CCER 和地方核证自愿减排量下的林业碳汇，从种类上分为森林经营性碳汇和造林碳汇两种(中国人民银行长春中心支行课题组，2022)。经营性碳汇是指通过结构改造、生态治理和林种更替等不寻常手段额外增加的碳汇量；造林碳汇则是指用自然或人工手段将非林地改造为林地，从而增加的额外碳汇量(周伯煌，2023)。而"经核证"是为了保障认购碳汇交易的规范化与合法化，确保所购买的林业碳汇量经由国家授权机关和科学方法论的认证，但是我们也应认可各地方在保障交易规范化与合法化的基础上结合自身实际构建的认购碳汇模式，即当事人也可认购经各省林业局备案的其他林业碳汇。如福建省顺昌县的"一元认购"项目，具体是将乡镇里的脱贫户所拥有的林地和林木所产生的林业碳汇量纳入碳汇管理项目，以 1 元 10 千克碳汇量的价格向公众进行售卖，让脱贫户变成"卖碳翁"，实现生态效益和经济效益的双丰收。

(二)统一林业碳汇认购标准

正如上文中提到的，这几年各省陆续出台了林业碳汇损失的计量方法，但是各地立法水平和标准并不一致。在福建法院已经出台了试行的计量方法的同时，有的地方法院还对此一筹莫展，这无疑不利于推进认购林业碳汇的适用。而即使各地法院都出台了相应的计量方法，由于其考量的因素和方法学不同，很可能会出现各地的碳汇损失量计量方法不统一的现象。这就很可能导致当同一行为人实施了同一侵权行为侵害了同种树木时，各地法院对此造成的碳汇损失量认定不一致，使行为人支付林业碳汇认购金的数额有所不同，发生同案不同判的现象，不利于维护司法的稳定性和权威性。此外，各地市场林业碳汇价格不一致，计量单位也不统一，有的以"元"为单位，有的以"千克"等质量单位去衡量，即使碳汇损失量认定一致，行为人的认购金也可能存在出入，所以笔者建议通过组织相关专家进行研讨，考虑各森林碳库和侵害类型的不同，采用经过备案的方法学来出具一份统一的林业碳汇损失计量方法，经由国家林草局批准后由国家立法机关进行立法，使其具有法律效力，同时出台相应规定，统一林业碳汇的市场价格和计量单位，方便碳汇交易的统一和推广，维护司法的公正和稳定。

三、规范适用的程序

（一）明确林业碳汇的认购程序

好的制度离不开严格程序的保障，合法正当规范的办案流程可以保障认购碳汇替代修复的有序展开。经过这几年各地的司法实践探索，认购碳汇案件办理机制已经逐渐完善起来。本书借鉴贵州省雷山县人民法院的"五书一令"环境刑事案件办理流程，梳理如下：首先，人民法院在受理生态环境破坏类案件后应先用相关法律向行为人告知其负有生态环境修复责任，引导当事人与公诉机关签订《认罪认罚具结或承诺书》。在经过审查后发现此案件存在碳汇损失且无法进行直接修复时，在尊重当事人意愿的前提下，可以引导行为人认购林业碳汇来替代生态环境修复责任，并签订《碳汇补偿认购申请书》。之后，人民法院委托相关专业人士依据各地方出台的碳汇损失量计量方法，对行为人破坏的生态环境进行测算，向有评估资质的林业部门递交《碳汇补偿评估鉴定委托书》。林业部门则根据碳汇损失的测算结果和碳汇交易市场价格，计算出行为人所要交付的碳汇认购金额，告知有关的当事人，并出具《林木需认购碳减排量意见书》。法院参考此意见书向当事人发出《碳汇认购令》。根据金额大小人民法院可以提供两种方案供行为人选择：一是行为人将碳汇认购金额缴纳至各地方专用于种植碳汇林项目的统一账户，用碳汇林增加的储碳量以弥补其对生态环境的破坏；二是在人民法院的引导下由行为人在正规碳汇交易平台上购买经核证的森林经营性碳汇、造林碳汇或是经各省林业局备案的其他林业碳汇。在当事人交纳完碳汇认购金后，林业部门出具《碳汇认购证明书》，代表行为人已经履行完生态环境修复责任。最后，人民法院将当事人认购林业碳汇来替代履行生态环境修复责任的行为写入判决书中，并将其视为悔罪态度，作为从轻处罚的情节在量刑时予以考虑。

（二）完善公众参与制度的适用

公众参与是指社会公众介入涉及公共利益的某些政府决策，积极发表意见或提出建议，是一个双向交换意见的过程，这在《环境保护法》中已有明确规定，成为环境保护的一条重要途径。社会主义民主是社会主义法治的前提，而公众参与则是最能体现民主法治的一项权利。环境损害案件侵害的是社会公众的利益，在认购林业碳汇替代修复的实施中适当地让社会公众参与进来具有正当性和合理性。对此，参照各地司法实践，公众参与机制可以从两方面入手：一方面，在涉及认购林业碳汇替代履行等环境刑事案件、公益诉讼以及生态环境损害赔偿诉讼案件时，人民法院可以挑选几名林业碳汇方面的专家，作为人民陪审员或特邀调解员来全程参与一审判决或调解，他们可以运用自己的专业知识对环境修复方案或替代性方案提出建议，并对后续的修复效果进行评估和验收，以增强修复措施的可操作性，使整个替代修复过程具有民主性和科学性，既满足了公众参与的需求，又弥补了审判人员碳汇领域专业性不足的缺陷。另一方面，司法机关可以充分利用公开听证程序或者采取调查问卷的形式，广泛听取公众的意见，保障公众的监督权和知情权，同时提高认购方案的科学性。完善公众参与制度有助于向社会宣扬认购林业碳汇的替代履行，宣扬"损害者负担"的社会风气，引起社会共鸣，加深公众对于林业碳汇的价值认识，激发碳交易市场的活力，助力"双碳"目标的实现。

(三) 建立林业碳汇评估制度

生态环境修复是一个综合性作业，在执行过程中需要不断调整和改进。可通过建立完善的评估机制，来综合评估认购林业碳汇替代履行方案的等级。一方面，有助于对其进行科学、有效的评价和调整，找出现行替代履行方案的缺陷，及时总结经验，制定出新的修复方案，保证最终的修复效果；另一方面，可有效防止生态修复的"形式主义"，真正高效实现环境的绿色发展，促进"双碳"目标的实现(韦超前等，2022)。

因认购林业碳汇替代履行项目涉及各方利益相关者，各方都有自己的利益需求，进行评估时我们可以从替代修复是否满足了国家相关主管部门、生态环境侵权人和修复区域当地居民的需求为指标进行评估，在以生态效益为主的同时兼顾经济和社会效益。第一，对于国家相关主管部门的修复诉求，是使受损的生态环境修复至原基准线上，恢复其生态环境服务功能，以修复的实际生态效果为主要的评估依据。因此我们可以用碳汇购买金用于种植碳汇林的面积大小、生态功能预期的提升状况为评估依据，对其修复的程度进行评估。第二，对于生态环境侵权人的需求来说，认购林业碳汇的资金即修复成本不能过重，否则既会违反"比例原则"，严重超出侵权人可承受的经济范围，也会影响认购人的积极性，不利于修复方案的后续执行。所以，有关机关可以考量认购人的修复成本是否严重超出受损的生态价值，并将此作为替代修复评估效果指标之一。第三，修复区域当地居民是替代修复项目的直接受益者，与替代修复方案息息相关，所以有关机关应该通过走访等方式，来考察当地居民对认购林业碳汇方案及修复效果的满意程度，将其作为评估指标之一。最后，因为林业碳汇的评估制度涉及知识面广，具有专业性和规范性的特点，司法机关很难也缺少司法资源去做出科学的评估，所以法院可以将评估作业委托给具有相应生态修复资质的专业机构去评估，以专家打分的方式对各方利益主体目标实现程度进行评判，衡量各指标的权重，综合评估出认购林业碳汇替代履行方案的等级(优秀、合格和不合格)。

四、建立林业碳汇认购资金管理制度

(一)建立林业碳汇认购资金使用制度

第一，确定林业碳汇认购资金的使用管理部门。为了更好地实现修复目标，行为人认购林业碳汇的资金应该被妥善管理和使用，实践中司法机关大都采用建立银行专项账户的办法进行管理。但法院、检察院平时工作量大，经常面临案多人少的状况，且缺乏生态修复的专业技术能力，如果将专项账户交由法院和检察院使用管理，不利于修复的效果和效率。而各地方的林业主管部门不仅具有较强的技术专业性，可以制定合理的种植碳汇林计划，而且其有自己的财务人员来对资金进行规范性管理与审核，能有效规避资金被滥用的问题，保证专款专用，所以认购林业碳汇的资金专项账户由各地方的林业主管部门进行使用管理最为合适(周翔等，2023)。

第二，明确资金使用程序。在行为人缴纳林业碳汇认购金后，由各地林业主管部门制定出修复生态环境、恢复碳汇能力的方案，经财务人员审核后拨付相应资金进行具体修复工作，并报同级政府和法院进行备案。

（二）建立林业碳汇认购资金监督机制

在行为人选择自愿支付一定量的碳汇购买金至各地专用于种植碳汇林项目的统一账户后，最关键的环节便是认购资金的变现，即实现生态环境修复的资金是否真正且及时流向碳汇林项目建设，因为单纯的交纳认购资金本质是一种资金补偿，若无后续的具体修复工程有违设立该替代履行责任的初衷，无法真正发挥其弥补生态环境服务功能以及环境修复的效用，这就需要构建一套完善的认购资金监督机制，从内外两方面来监督资金的使用效率和流向：

第一，完善内部监督。要保障资金的安全运行，首先就要完善资金管理部门的内部监督机制，其中起主要监督作用的是财务部门。财务部门要制定出一套内部资金管理规范，严格按照规定的程序监督每笔认购资金的来源和流动状况，实现自我监督，确保每笔资金都用于碳汇林项目建设中。其次，可以设立相应的问责机制，对怠于履行或不履行职责的工作人员进行内部惩处，将责任归责于个体，可以确保修复目标能够及时完成，不会出现相互推诿的情况。

第二，完善外部监督。生态环境不仅关乎国家利益，更关乎社会公共利益，所以认购资金的监督主体不能只局限于资金管理部门的内部监督，更要受到社会公众的外部监督，所以笔者建议可以进行政府信息公开，将账户里资金的流入与流出、使用与结余情况和碳汇林建设项目的进程定期向社会进行公示，充分发挥社会公众的监督作用。此外，检察机关可以发挥其监督检察作用，进行实地走访，确保碳汇认购资金用于修复本地受损的生态环境，实现专款专用，对于资金管理部门的渎职行为可以发出检察建议，督促其整改。

综上，当事人认购林业碳汇不仅是地方司法机关发挥主观能动性探索出的替代修复方式，更是在司法解释中被明确规定的承责方式，认购碳汇不仅契合了我国当前"双碳"战略性目标，而且因其具有简便易行的特点，而被当事人所认可。随着各省陆续出台碳汇损失计量方法，以及碳汇交易市场日益成熟，认购林业碳汇替代履行生态环境修复责任的方式可以弥补侵权地现实条件不允许和当事人修复能力不足等问题，并可规避修复资金管理等难题，在进行对生态环境修复的同时兼顾了生态环境服务功能的弥补，符合最大限度修复生态、保护环境公共利益、"谁破坏、谁修复"和风险预防等原则，有《最高人民法院关于审理森林资源民事纠纷案件适用法律若干问题的解释》第二十条和《生态环境损害赔偿管理规定》第九条为法律依据，以及《关于完整准确全面贯彻新发展理念为积极稳妥推进碳达峰碳中和提供司法服务的意见》的指引，具有必要性、可行性和正当性，可以在司法实践中被大范围推广。

司法适用上要注意遵循修复的原理和使用顺位，不能任意扩张至不存在碳汇损失和可以进行直接修复的案件中，要尊重当事人的意愿，坚持自愿补偿原则，综合考量实际因素，以达到更好的生态修复效果，并激励各地司法机关探索新的替代修复措施。为了使替代履行的司法适用具有规范化和体系化，明确可供认购的林业碳汇和司法适用程序是本章的创新之处，这也是在之后的实践中所要逐渐探索完善的重点。当事人认购的林业碳汇必须经核证或经各省林业局备案，在案件审理过程中司法机关可以挑选林业碳汇专家参与判决或调解，或利用公开听证程序，以保障公众参与制度，提高替代方案的民主性和科学性。专家在进行替代修复评估时，可以从认购林业碳汇替代履行项目涉及各方利益相关者的角度进行衡量。此外，应建立起完善的认购资金管理使用制度，明确资金是由各地方的林业主管部门进行使用管理，从对内和对外两个角度对资金进行监督。未来我们应加快相关方面的立法进程，以立法来指导实践，并统一林业碳汇损失的计量方法、林业碳汇的市场价格和计量单位，避免出现同案不同判的现象，维护司法正义和稳定性，在发挥保障规范作用的同时也能引导社会公众理解"碳汇认购"，助力"双碳"目标的实现。

第六章

林业碳汇生态功能损害赔偿责任

第一节　林业碳汇生态功能损害赔偿理论概述

2023年，抚州市首例赔偿碳汇损失的生态损害案件在临川区人民法院宣判。被告人张某某于2022年9月至10月，在未办理林木采伐许可证的情况下，雇请他人砍伐抚州市临川区展坪镇南塘村彭源四组责任山上的湿地松、阔叶树共计197株，采伐林木蓄积为25.2187立方米。该砍伐行为导致4.39亩林地裸露，其生物多样性、水源涵养、土壤保持、防风固沙、气候调节及固碳释氧等功能均遭到破坏。被告人张某某被判处拘役四个月，并处罚金人民币1000元，依法赔偿"补植复绿"费7309元及碳汇损失3191.4元，同时向社会公开赔礼道歉。

中共中央办公厅、国务院办公厅于2015年11月印发《生态环境损害赔偿制度改革试点方案》，并在吉林、山东等7个省(市)开展改革试点工作。在试点基础上，2017年12月印发了正式的改革方案——《生态环境损害赔偿制度改革方案》，并要求从2018年1月1日起，在全国范围内推行生态环境损害赔偿制度，这是一项新的改革措施(王兴利等，2019)。2021年1月1日起施行的《民法典》在第一千二百三十二条列出了关于"生态环境"损害赔偿责任的规定，即"侵权人违反法律规定故意污染环境、破坏生态造成严重后果的，被侵权人有权请求相应的惩罚性赔偿"。2022 年，在国务院办公厅颁布实施《生态环境损害赔偿制度改革方案》4 年之际，生态环境部等 14 部委联合印发了《生态环境损害赔偿管理规定》，该规定是对《生态环境损害赔偿制度改革方案》的进一步细化和落实。林业碳汇生态损害赔偿制度是生态损害赔偿制度的重要组成部分。根据国家政策要求，需进一步在践行此改革方案的进程中完善以下几个方面：林业碳汇生态功能损害赔偿的索赔主体；赔偿范围；鉴定评估体系；救济途径；损害赔偿资金保障和运行机制；等等。

一、林业碳汇生态功能损害赔偿的概念

森林、湿地、荒漠和野生动植物是构成陆地三大自然生态系统和生物多样性的森林资源。森林资源能够涵养水源、保持水土、防风固沙、调节气候、净化空气、防治污染，是生态环境的重要战略支撑。当前破坏森林资源现象严峻，如乱垦滥占林地、湿地、乱砍滥伐林木。当发生工业污染和违法占用林地、湿地，以及滥砍盗伐林木或发生森林火灾等情形时，不仅损害了森林资源本身，同时会导致林业生态环境恶化、生物多样性遭到破坏、生态功能减退或丧失等，反映在林业碳汇的生态功能方面，就是森林固碳增汇功能的损害。这种损害不同于一般侵权造成的人身损害、财产损害和精神损害，生态损害的受损客体具有公共性，没有直接的受损害人，没有明确的索赔权人，一般赔偿数额巨大，但具体损害范围和数额很难确定。

林业碳汇生态损害赔偿提起索赔的主体特殊。林业碳汇生态损害赔偿的索赔权，其权利基础在于国家、集体以及个人对森林资源所拥有的所有权和管理权，这在某种程度上体现了私权属性。因此，林业碳汇生态环境损害赔偿制度的权利主体与普通民事赔偿案件的权利人不同，其包括了国家授权给省级和市级地方政府的森林固碳增汇生态环境功能的权利人。这些政府机构特别是省级和市级政府，可以指定相关部门或机构来负责具体的生态环境损害赔偿工作。

林业环境侵权法律制度，一般是对人身、财产侵权进行救济，在司法

实践中无法兼顾固碳增汇林业生态环境损害的赔偿。目前，《民法典》已经将生态环境损害纳入环境侵权的范围。但不可否认的是，环境侵权的个人索赔主体不能完全保证或愿意去保证生态利益的恢复，这就必须与环境公益诉讼制度相协调，但公益诉讼制度仍然存在诉讼主体缺位的难题。国家作为索赔主体是以森林资源的所有权为依据，某种意义上是属于私益诉讼范畴，与社会组织和检察院提起的公益诉讼之间也存在诉讼顺位的问题。从自然资源所有权角度出发，我们可以考虑将省级人民政府的顺位设定为优先。

林业碳汇生态损害的赔偿过程包括通过磋商达成赔偿协议，并申请法院对该协议进行司法确认。如果磋商未能达成一致意见，当事方应及时提起生态环境损害赔偿民事诉讼。在检察机关提起公益诉讼方面，制度规定，在检察机关发出检察建议、公告手续之后，若没有法律规定的机关或相关组织提起民事公益诉讼，或者相关行政机关在接到检察建议后仍未依法履行职责，检察机关才可以提起民事或行政公益诉讼（肖康康，2019）。

二、与森林生态效益补偿的关系

《森林法》第七条规定，国家建立森林生态效益补偿制度。立法的设想是由国家投入资金，民营注入推动力，促进森林生态效益市场化。森林生态效益补偿与林业碳汇生态损害的区别主要体现在以下几个方面：

第一，实行的目的不同。实施森林生态效益补偿政策是出于生产实践的迫切需要。森林的生态效益属于其外部经济效益，由于这些效益无法通过市场交换直接让经济主体受益，因此森林生态补偿成为对森林生态效益的价值认可与回报，也符合商品经济价值规律的客观要求。而林业碳汇生态损害赔偿是行为人实施了危害林业生态环境的行为，而当事人往往只赔偿林木的损害，却忽略林木所具有的生态价值的损失。为克服林业生态价值得不到赔偿的困境，允许国家作为索赔主体，由致害者承担赔偿责任。

第二，受偿主体不同。生态公益林的生态效益通过活立木群落这一载体发挥其作用。若林木被采伐，这些生态效益随之消失。因此，生态公益林严禁进行商业性采伐，其经营者无法通过市场交易获得其劳动和投资的经济回报。实行生态补偿机制能够从根本上转变长期以来森林生态效益被无偿享用以及森林经营者只有成本无收益的不合理状态，同时能够弥补国家财政拨款的不足，确保公益林建设的持续性。林业碳汇生态损害赔偿的受偿主体是国家，国家作为索赔主体，要求造成林业碳汇生态损害的行为人进行赔偿，并以此资金来恢复受损林业的生态功能。

第三，发生的原因不同，林业碳汇生态损害赔偿责任的构成要件之一是行为人实施了危害林业生态环境的行为，因此造成或可能造成林业碳汇生态损害的后果，继而引发林业碳汇生态损害赔偿的发生。而林业生态环境补偿的前提是行为人因为使用森林资源而获得利益，如果将森林资源当作市场上进行交易的商品，那么使用这一商品的消费者就应该缴纳一定的使用费用，而这个费用体现的就是环境资源服务功能的经济价值。

第四，赔偿原则不同。林业生态补偿制度所依托的是生态补偿原则，它是一种法定义务，遵循"谁受益、谁补偿"。森林生态效益补偿政策是建设生态公益林体系的重要支撑。生态公益林主要功能是保护和改善生态环境、维持生态平衡、保障生物多样性，并满足社会的多样化生态需求。这类林木提供的服务面向社会，惠及全民，属于公共事业范畴。通过"受益者付费"和"专款专用"等政策，补充资金短缺，确保森林资源得到有效利用。林业碳汇生态损害赔偿遵循的是一种法律责任，遵循"谁损害、谁负担"的原则，坚持的是"污染者与破坏者赔偿"，简单来说，森林生态效益补偿是受益者补偿，林业碳汇生态损害赔偿是损害者赔偿。

三、与环境公益诉讼制度的关系

迄今为止，我国环境公益诉讼制度主要由三部法律、一部司法解释和一个全国人大常委会决定构成。依照法律修订的时间顺序，这三部法律分别为《民事诉讼法》、《环境保护法》和《行政诉讼法》，一部司法解释是《最高人民法院关于审理环境民事公益诉讼案件适用法律若干问题的解释》，全国人大常委会作出的决定则是《关于授权最高人民检察院在部分地区开展公益诉讼试点工作的决定》。为执行这一决定，最高人民检察院制定了《检察机关提起公益诉讼试点方案》和《人民检察院提起公益诉讼试点工作实施办法》(王曦，2016)。环境公益诉讼是自然人、法人、政府组织、非政府组织以及其他组织在其环境权益或者法律保护的公共环境利益受侵犯时，向法院提起的诉讼。

林业碳汇生态功能损害赔偿制度的价值不仅在于保障受害人合法权益，更重要的是通过修复与赔偿机制，起到维护森林碳汇形成、实现碳汇量稳定增长的作用。而环境公益诉讼制度的意义则是通过公益诉讼概念的推广，威慑犯罪分子，防止其钻法律的空子，利用损害公共利益的方式来获得利益。环境问题本身具有隐蔽性、积累性等特点，一旦发生往往难以逆转，所以历史的经验和教训告诉我们，不仅需要林业碳汇生态功能损害赔偿制度来实现森林的固碳增汇功能，还要用公益诉讼制度扩大影响，壮大功效，从而实现环境保护和建设生态文明社会的重要目标。

根据《民事诉讼法》第五十八条，对污染环境、侵害众多消费者合法权益等损害公共利益的行为，法律规定的机关和有关组织可以向人民法院提起诉讼。2014年修订的《环境保护法》规定了"社会组织"提起诉讼的原告资格，但未明确政府在环境污染导致生态损害责任中的角色，也未将政府纳入可能参与环境公益诉讼的主体(尹珊珊，2015)。这一点对林业碳汇生态功能损害赔偿责任的确定及追索可能产生不利影响，可能导致索赔工作受阻，甚至造成更严重的后果。按照现行《民事诉讼法》和《环境保护法》，符合条件的社会组织可提起环境公益诉讼，政府侧重提起国有自然资源损害索赔。环保部负责人解释，社会组织的环境公益诉讼与政府的生态损害赔偿诉讼不冲突，都是生态损害赔偿的重要组成部分。两者之间的衔接与关系将随着试点工作的推进逐渐探索并得到完善。

因此，我国目前的公益诉讼制度，并不能有效解决林业碳汇生态功能损害赔偿领域中实际遇到的各种法律问题，因为仅有社会组织作为原告的力度和范围都有一定的局限性，不能够及时、有效地解决林业碳汇生态功能损害赔偿的各种法律问题。

四、与公民环境权的关系

环境权是环境法律关系主体所享有的，适宜健康和良好生活环境以及合理利用环境资源的基本权利。该权利主体广泛，涵盖公民、法人及其他组织、国家甚至全人类，包含现代与后代的环境利益。公民环境权主要包括环境使用权、环境保护相邻权和环境人格权。环境使用权指环境利用人依法对环境容量资源的占有、使用和收益权利。作为一种用益物权，其主体通常是民事主体，客体是环境资源整体，取得方式可以是无偿或有偿。环境保护相邻权是根据环境保护的客观要求，在一定范围内形成的相邻关系，包括特定权利享有和相应义务承担。其特点包括相邻范围的扩大、权利内容广泛、客体生态性质、利益多元性及权利复合性。环境人格权是以环境资源为媒介，关乎个体身心健康的权利。基于环境资源的生态价值、美学价值，环境人格权是涉及身心健康方面的社会性私权。其保护一般通过环境侵权行为的制度及相应救济措施实施，具备普遍性、概括性、专属性和法定性。

司法实践中，以环境权为诉讼依据的案件常遭否定，理由多样。有观点将《宪法》对环境权的条文解释为程序性或纲领性规定，认为这些规定无法直接赋予具体的环境侵害请求权。另有观点认为，环境权体现的是对环境的利益，而这种利益不一定受法律保护，只是一种间接利益。还有法官指出环境权内容、范围与主体不够明确，难以具体执行。同时，有观点认为环境属于公共利益，个人不可成为其利益主体，并由此认为原告缺乏诉讼主体资格。目前，在司法实践中否定环境权理论的做法占主导地位。

公民环境权是公民享有的在不被污染和破坏的环境中生存及利用环境资源的权利。然而，仅依靠公民环境权这一理论，显然无法支持国家（政府）作为环境权主体要行使这一权利。法益是法律救济的基础之一。林业碳汇生态功能利益是环境法的部门法益。林业碳汇生态功能损害的本质利益是生态环境利益，所谓的生态环境利益是指人类对生态价值的追求。生活中存在许多的正当利益，在法律体系中这些利益并没有具体的权利名称，但如果不给予法律保护则有违公平和正义。具体实践中，这些利益并没有具体的权利名称，而是以法益的形式存在，以获得法律的保护和救济。因此，是否具有林业环境权，并不是环境生态利益受损而寻求救济的理由，环境权理论也不能支撑林业碳汇生态功能损害赔偿制度的确立。

五、与环境侵权损害赔偿制度的关系

环境污染的侵权责任指的是污染者因污染行为侵犯他人生命权、健康权等人身权或所有权、用益物权等财产权，而应承担的民事法律责任。根据《民法典》第一百八十七条，即使污染者由于同一行为可能面临行政或刑事责任，也不免除其民事责任。如果其财产不足以支付民事赔偿与行政罚款或刑事罚金，应优先履行赔偿责任。我国关于环境侵权损害赔偿的法律依据广泛，包括海洋、大气、水、固体废弃物、噪声污染防治等相关法律，以及自然资源保护如森林、草原、渔业、土地管理、矿产资源、水土保持、野生动物保护等相关法律规定。

环境侵权损害赔偿与林业碳汇生态功能损害赔偿制度在本质上具有相似性，均涉及补偿因侵权行为导致的自然资源或环境损害。

第一，环境侵权和林业碳汇生态功能侵权的赔偿制度中，侵权人的侵权行为往往持续并反复发生，导致侵害效果的持续性，并且环境的开放性和污染物的扩散特性使得侵害效果影响范围扩大，损害后果经由空间的扩散、时间的推移以及多因素的综合累积后更加严重。这种累积性和复合性导致损害结果呈现滞后性和潜在性。

第二，这两种侵权行为受侵害的权益都具有双重性。环境和林业资源的社会性特征意味着其组成要素间存在密切关系，由此导致侵权行为的间接性、持续性和空间性。环境侵权不仅伤害个人利益，而且损害社会利益。环境侵权破坏了个人利益与社会利益之间的平衡，企业在追求个人利益最大化的过程中可能忽视或侵害社会利益。

第三，环境侵权是更广义范围内的损害赔偿，林业碳汇生态功能损害赔偿也是一种环境侵权损害赔偿。现行司法实践中，也用环境侵权制度来解决林业侵权纠纷。吕忠梅教授就讨论了传统侵权与环境侵权的差异，并在其《环境侵权的遗传与变异——论环境侵害的制度演进》一文中认为，与传统侵权相比，环境侵权具有原因行为及损害形式多种、损害内容多元、损害利益多样、因果关系复杂、主体关系交错和可归责性弱等诸多区别，并提出了"环境侵害"的概念，以代替"环境侵权"，还指出环境侵权是对

社会利益和个人利益的双重侵害。所以，在一定程度上，环境侵权是包含林业碳汇生态功能损害赔偿在内的。

但是，二者也有一些不同的地方。

第一，索赔主体不同。环境侵权案件中，受害者通常是无法规避伤害且缺乏维权能力的普通公民。法律上虽然赋予双方平等地位，但现实中的信息不对称和财力悬殊导致实际救济中的不平等。相比之下，林业碳汇生态功能损害索赔主体通常是国家，这避免了索赔过程中的信息和财力不对等问题。

第二，赔偿范围有所不同。环境侵权法律制度通常只针对个体的人身伤害和财产损失提供救济，往往忽略了生态环境损害本身，导致生态资源和功能损失难以获得有效救济。这可能阻碍受损生态系统的恢复，对人类生存和社会发展造成重大影响。在我国，环境损害赔偿法定范围包括：①人身损害赔偿，涵盖因环境污染或破坏造成的生命权、健康权、身体权侵害，可能包含医疗费、误工费、护理费、交通费、住宿费、残疾赔偿金、死亡赔偿金等。②财产损害赔偿，针对环境行为侵害财产权益引发的损失，包括直接经济损失、间接经济损失，以及恢复至当前最佳状态所需费用。森林固碳增汇功能的损失需要通过专门的生态损害鉴定来确定，也可以通过磋商制度来确定赔偿范围。

第二节　林业碳汇生态功能损害赔偿制度适用与完善

一、林业碳汇生态功能损害赔偿的立法问题

2017年12月，中共中央办公厅、国务院办公厅印发的《生态环境损害赔偿制度改革方案》指出，各省（自治区、直辖市）政府应当制定生态环境损害索赔启动条件、鉴定评估机构选定程序、信息公开等工作规定，明确国土资源、环境保护、住房城乡建设、水利、农业、林业等相关部门开展索赔工作的职责分工。要求不同领域建立起本领域的生态损害赔偿制度，

不仅是该方案的要求，更是由自然资源生态功能损害系统的特殊性所决定的。林业生态系统涵盖物种丰富、涉及面积广泛、专业技术性强而且牵涉利益重大，但是现有的法律中，无论是《环境法》、《民法典》，还是《民事诉讼法》，在解决生态损害问题方面都存在一定的不完备或缺失，而且也无法全面并且有针对性地解决林业碳汇生态功能损害赔偿中的各种专业问题。

林业碳汇生态功能损害赔偿存在法律制度上的空白。目前我国的现行法律法规，除了在《海洋生态环境保护法》中规定，对破坏海洋生态环境造成国家损失的，由行使海洋环境监督管理权的部门代表国家对责任者提出赔偿要求之外，其他法律均未对生态环境赔偿做出特别的规定，而是将其纳入传统的环境损害之中，民事法律方面没有针对生态损害的特殊性做出专门规定，行政法律方面虽然规定了包括生态环境损害赔偿纠纷在内的调解义务，但是没有明确规定对损害赔偿的处理责任，民事诉讼制度也没有对生态损害做出特别的规定，但实践中已经被纳入了公益诉讼的范畴之内。

（一）立法状况

1. 环境法律制度状况

我国已经形成了环境保护法律体系，为环境保护行政管理提供了比较充分的法律依据。然而市场经济的发展和公民环境意识的提高，现有环境行政管理法规已经不能完全适应环境保护的发展，早在 2001 年因环境问题引起的纠纷投诉到环保部门的就已经超过 40 万件，这些纠纷绝大多数涉及损害赔偿的相关问题，而对林业碳汇生态功能损害的赔偿问题就更是顽疾了，但是我国的环境法体系内却没有一部专门的法律对相关问题进行解释或解决。究其原因主要有二：其一，我国的环境基本法总体规定都过于原则和笼统，其二，《环境保护法》对生态损害及相应赔偿没有具体规定，生态损害赔偿制度是通过司法解释或单行条例的行使进行试点并逐步推行的。学者们认为在现有《环境保护法》的基础上，对其中个别条款进行引申和扩展理解，可以作为生态损害救济的法律依据。第一个是《环境保护法》第五十七条，"公民、法人和其他组织发现任何单位和个人有污染环境和破坏生态行为的，有权向环境保护主管部门或者其他负有环境保护监督管理职责的部门举报"。这里的"污染环境和破坏生态行为"就包括生态损害。第二是《环境保护法》第五十八条，"对污染环境、破坏生态，损害社会公共利益的行为，符合下列条件的社会组织可以向人民法院提起诉讼……"。这条可以成为要求生态损害赔偿的法律依据。显然，《环境保护法》对于生态利益以及林业碳汇生态功能保护的内容严重缺失，不利于生态损害救济的进行，要构建生态损害救济法律制度首先就应该充实《环境保护法》中有关生态损害的内容，将其纳入环境基本法的范围之内并给予足够的关注。

综上所述，我国环境法律体系中对林业碳汇生态功能损害救济的法律制度的研究仍处"贫乏"阶段，理论和司法实践中仍存在诸多争议，如此现状之下，如何将林业碳汇生态功能损害救济意识引入环境保护法律体系中，并构建起林业碳汇生态功能损害救济法律制度体系无疑是一个复杂、艰巨的工程。

2. 民事法律制度状况

第一，《民法典》对解决林业碳汇生态功能损害问题存在困难。民法在解决生态损害赔偿方面所出现的赔偿权利人不明确、责任制度不明确的缺陷，在林业碳汇生态功能损害赔偿领域也得到了凸显。民法中的物，是指自然人身体之外，能够满足人们在物质或精神层面的需要，并且能够被人力控制、支配的物质实体。但是林业碳汇生态功能在很大程度上并不能涵盖在民法中"物"的范围之内，因为林业碳汇生态功能的良好存续和可持续健康发展能给人带来的利益和满足大多处于无形之中，其没有被污染或破坏，我们的生活可以如同往常一样秩序井然地进行，但是一旦林业碳汇生态功能因为破坏或污染有所变化，所引发的严重问题，却不能被纳入民法的控制范围之内。

第二，《民法典》对解决林业碳汇生态功能损害问题可操作性不强。最可能成为林业碳汇生态功能损害救济的方式就是环境侵权救济，《民法典》中有对生态环境侵权责任的规定过于原则，不具有可操作性。环境侵权脱胎于民法的私益保护理论，是对环境污染所造成的人身损害、财产损害和精神损害进行赔偿的，虽然是以环境为媒介，但从根本上来说保护的还是私人利益。而林业碳汇生态功能利益显然是公共的利益，如若将其纳入环境侵权中，就势必对传统的民法体系造成巨大的冲击。毕竟在传统的民法体系中，林业碳汇生态功能并不具备法学理论主体地位。环境侵权的救济方式包括停止侵害、消除危险、排除妨害和恢复原状等，这些意在保护人身权和财产权的救济方式在某种程度上有利于生态功能的保护，附带性地实现了对生态损害的救济。学界将此种附带性的效果称为"私益外溢"，其救济的重点在于传统私益的救济，而对于生态损害的救济效果是十分有限的。尽管如此，《民法典》本身在判断侵权行为的构成要件、因果关系的确定等方面对林业碳汇生态功能损害赔偿制度的建立有着一定的意义。

第三，《民事诉讼法》的规定与林业碳汇生态功能损害赔偿相违背。《民事诉讼法》规定的环境公益诉讼排斥政府诉讼的主体资格，与林业碳汇生态功能损害赔偿制度的实际相违背。《民事诉讼法》第五十八条对公益诉讼的规定是："对污染环境、侵害众多消费者合法权益等损害社会公共利益的行为，法律规定的机关和有关组织可以向人民法院提起诉讼。"而且对"法律规定的机关和有关组织"也进行了限定，除了没有规定因环境污染造成生态损害时的责任承担，也排斥了政府作为索赔主体参与到环境公益诉讼中来的资格。然而对于林业碳汇生态功能损害赔偿来说，如果排斥了政府作为正当当事人的资格，不仅不利于赔偿工作的开展，而且容易造成索赔的懈怠，而最终酿成更加严重的后果。

3. 行政法律制度状况

目前，在我国林业碳汇生态功能损害救济法律制度尚不完善、司法实践案例数量稀少的情况下，生态损害救济主要依赖于林业行政主管部门的行政救济。但是我国现行的林业碳汇生态功能损害行政救济存在以下几方面的问题：

首先，过度依赖行政救济。毋庸置疑，林业行政管理部门的行政救济在一定程度上弥补了生态损害，特别是行政处罚对林业碳汇生态功能损害加害人起到一定的威慑作用，有效防止了林业碳汇生态功能损害的发生。但也不能过分依赖行政救济，而应该将其控制在一个合理的比例范围之内。原因有二：其一，作为行政救济主要方式的行政处罚是一种惩罚而非赔偿，与林业碳汇生态功能损害的恢复性赔偿原则有所相悖；其二，行政处罚属于事后处罚，往往是在林业碳汇生态功能损害发生后才采取的行政措施，不能有效地防止林业碳汇生态功能损害结果的发生，不符合保护林业碳汇生态功能利益的根本目的。因此，可以说罚款只是对林业碳汇生态功能损害附带性地带来救济效果，而不是林业碳汇生态功能损害的救济途径。此外，值得注意的是，林业行政罚款的最高额限制不仅机械，而且往往额度过低，并不能弥补危害行为造成的损害后果。

其次，部分行政命令不科学。林业行政命令在涉及生态损害时一般都会责令相对人消除危险、恢复原状、赔偿损失等。这些行政命令在保护公民环境权、人身权和财产权方面起到了积极的效果，同时也附带地对生态损害起到了一定的救济效果。但生态损害涉及很多专业的环境问题，生态损害后果往往需要专业人士或者第三方组织替代消除危险或者恢复原状，而责任主体最终承担的仍是罚款。一部分罚款转化为行政管理部门支付相关费用，但也有可能责任主体所造成的生态损害会不了了之。加之这些行政命令缺乏具体配套规定，在实践中并不具有可操作性，从而致使行政救济的最终实施效果不能达到预期。

再次，公众参与缺失。生态利益是一个典型的公共利益，不仅关系当代人的全体利益，更关系到子孙后代旳利益，生态利益的维护需要公众参与。但目前的现实却是生态损害主要依赖于行政命令和行政处罚，公众很难参与。其中的原因：一方面是因为生态损害涉及许多环境专业问题，一般的公民和单位很难参与并提出意见；另一方面，大多公众关注的只是局部性的关系到切身利益的环境问题，并未意识到生态公众利益。基于这些原因我国在生态损害的公众参与方面仍然是缺失的，生态损害的行政救济手段仍然需要靠环境行政管理部门的命令和处罚。但仅靠环境行政管理部门单方面的参与，不仅不利于公众发挥保护环境的主动性，也增加了政府的财政负担，更重要的是一旦行政管理部门对已经发生的生态损害不作为，那么生态损害救济就无法启动。

（二）林业碳汇生态功能损害赔偿立法模式的选择

基于林业碳汇生态功能保护的必要性，制定符合我国国情的《林业碳汇生态功能损害赔偿办法》，将林业碳汇生态功能损害赔偿的指导思想、主要原则、基本框架、配套措施等以法律形式确定下来，并对林业碳汇生态功能损害的举证责任、林业碳汇生态功能损害赔偿的责任主体、赔偿范围、赔偿标准、程序，以及补偿赔偿金的征收、使用、管理等进行明确界定，以使林业碳汇生态功能损害赔偿在具体操作过程中真正有法可依、有章可循（王金南等，2016）。

所谓林业碳汇生态功能损害赔偿立法模式是指在林业碳汇生态功能损害赔偿立法过程中，立法机关所采取的方法、结构、体例及形态的总称，一般是指林业碳汇生态功能损害赔偿立法采取何种形态作为表现方式。按照是否具备统一法典形式，可将立法模式分为集中立法模式和分散立法模式。所谓集中立法模式，又称综合立法模式或统一立法模式，是指国家立法机关采取制定统一法典形式，将有关生态损害赔偿的所有法律制度全部融入一部法典中。该法典全面规定关于生态损害赔偿的各项基本制度，因而具有生态损害赔偿基本法的地位。分散立法模式，又称分别立法模式或单项立法模式，是指将有关的生态损害赔偿法律制度分散在不同的单行法中，每一个单行法只规定特定种类的生态损害赔偿制度。分散立法模式具有针对性强的特点，而且立法难度小，但容易造成立法资源的浪费和法律之间的协调性差等问题，不利于实现法律制度的统一；集中立法模式具有普适性，节省立法资源且能够保障法律制度的统一，但由于牵扯问题多，立法难度大。分散立法往往针对特定的事项，更具有针对性，即使有问题，其影响面相对要小得多，可以作为立法试验在较短时间出台法律规范，及时填补集中立法的空白。

结合国内现有情况，可以考虑采取分散立法的模式，由国务院林草主管部门先行制定关于林业碳汇生态功能损害赔偿方面的规章。一来可以有针对性地保护林业碳汇生态功能；二来作为生态损害赔偿的重要组成，可以为将来的生态环境损害赔偿立法提供经验。

(三) 制定《林业碳汇生态功能损害赔偿办法》

生态损害赔偿与民事立法存在密切联系，一般通过民事法律对环境损害赔偿问题进行统一规范和调整。然而，生态损害立法与民事立法在价值立场和调整对象上存在本质区别，这就决定了生态损害赔偿脱离民事法体系的必要性。鉴于此，制定《林业碳汇生态功能损害赔偿办法》显得尤为重要。特别是林业碳汇生态功能由于其作用重要、类型多样和涉及的利益巨大，需要制定专门的《林业碳汇生态功能损害赔偿办法》，对赔偿立法的目的、适用范围、原则、基本制度与配套措施等进行细致的实体及程序性规定。除了原则性规定，还应通过其他规范性文件进行细化。在实体方面，应包括赔偿的归责原则、构成要件、责任内容、责任范围、责任主体以及责任承担方式等；在程序方面，应包括协商与诉讼途径、诉讼过程中的证据规则、举证责任以及因果关系的明确等。

为了确立林业碳汇生态功能损害赔偿制度，有必要针对林业碳汇生态功能损害赔偿进行立法。通过比较分析，可以考虑制定一部《林业碳汇生态功能损害赔偿办法》，作为林业碳汇生态功能损害赔偿问题的基本法，立法要尽可能的全面、综合。《林业碳汇生态功能损害赔偿办法》还可以突出国家对林业碳汇生态功能保护的重视程度，引导公众自觉融入林业碳汇生态保护事业，进而促进我国林业碳汇生态保护事业的健康有序发展。当然，专门的立法还需要结合林业碳汇生态功能损害赔偿出现的新情况、新问题做相应的调整，可以考虑由国务院林业主管部门以规范性文件的形式做出一些配套性规定。

基于林业碳汇生态功能损害赔偿的特点，结合有关立法的特点，笔者对《林业碳汇生态功能损害赔偿办法》的基本框架提出如下构想：

第一，明确立法目的。每部法律文件都有其立法目的，立法目的表明了该法的任务、宗旨，也是该法的精神实质，起着统领整部法的作用。立法目的是立法活动的起点和归宿。在进行立法前，必须先明确立法目的，以指引整个立法过程。该办法的立法目的应当包括如下内容：促进林业碳汇生态保护事业发展、保护公众的合法权益、维护林业碳汇生态功能的发挥。

第二，明确林业碳汇生态功能、林业碳汇生态功能损害行为、林业碳汇生态功能损害结果、林业损害赔偿主体等基本的概念性内容。应当规定林业碳汇生态功能损害赔偿制度的基本原则，遵循生态保护优先原则，坚持"谁损害、谁赔偿"的原则。

第三，规定林业碳汇生态功能损害赔偿责任的构成要件。具体内容包括：林业碳汇生态功能损害赔偿范围，即可获得赔偿的生态损害具体类型；采取概括式和列举式相结合的方式来明确林业碳汇生态功能损害行为的范围；因果关系的认定和证明；生态损害赔偿责任的归责原则；等等。

第四，规范林业碳汇生态功能损害赔偿责任方式，其中包括单独责任、共同责任，责任转移等内容。

第五，规定免除承担责任和减轻责任的相关内容。包括抗辩事由、责任限额等。

第六，规定林业碳汇生态功能损害赔偿责任承担的相关程序。包括林业碳汇生态功能损害赔偿诉讼原告的适格规定、举证责任的分配、林业碳汇生态功能损害鉴定评估的机构和评估规范等。

第七，林业碳汇生态功能损害量化规定。生态损害评估主要是对人类活动导致的生态损害进行定量分析，运用量化方法判定和说明生态损失的程度，为环境污染和生态破坏的损害赔偿提供制度保障。目前，我国在进行林业碳汇生态功能损害赔偿立法时面临如何量化此损害的问题。我国应建立科学的生态价值量化评估体系，将林业碳汇生态功能损害量化为具体经济责任，并通过环境税费制度或司法赔偿机制转化为污染者的法定责任。通过改革环境税费制度，并制定与林业碳汇生态功能损害补偿相关的法律规则，提高生态破坏和环境污染者的违法成本，实现对生态环境的经济和生态价值的全面保护。在此基础上，逐步建立林业碳汇生态功能损害的量化标准体系(蒋亚娟，2015)。

(四)制定配套的林业碳汇生态功能损害赔偿规章

国家林业和草原局由自然资源部管理，其职能之一就是负责全国林业及生态建设的监督管理，拟定林业及其生态建设的方针政策、发展战略、中长期规划和起草相关法律法规并监督实施，拟定有关国家标准和规章并指导实施，组织开展森林资源、陆生野生动物、野生植物资源、湿地和荒漠的调查、动态监测和评估。因此，国家林草局是制定相关配套的林业碳汇生态功能损害赔偿规章和出台相关鉴定、评估标准的适格主体，且因为其掌握着我国林业具体状况的一手资料，所以具有制定更符合实际需求的规章制度的优势。

国家林草局的内设机构包括生态保护修复司、森林资源管理司、林业和草原改革发展司、野生动植物保护司和自然保护地管理司等，都是与林业碳汇生态功能的健康存续以及良好发展息息相关的部门，以其工作的专业性和针对性，根据各司所具体负责的工作，出台为林业碳汇生态功能损害赔偿所需要的配套规章、制度，将使得我国的林业碳汇生态功能损害赔偿制度更加完善，且更加具有操作性和实用性。

二、林业碳汇生态功能损害赔偿的相关主体

(一)林业碳汇生态功能损害赔偿责任主体

林业碳汇生态功能损害赔偿责任主体，是指承受和侵害林业碳汇生态功能的主体。林业碳汇生态功能损害发生后，对不利后果的承担可能会发生两次转移，即从林业碳汇生态功能损害"受害人"或承受者向林业碳汇生态功能损害行为主体转移的第一次转移，以及从林业碳汇生态功能损害行为主体向行为主体以外的人的第二次转移，这个责任转移的过程也可以称为损害的分散。当然，这种损害责任的"外部化"必须是由法律明确规定并受到限制的。因此，可将林业碳汇生态功能损害赔偿责任主体分为两大类：林业碳汇生态功能损害行为主体和非生态损害行为主体。

(二)林业碳汇生态功能损害行为主体

林业碳汇生态功能损害行为主体包括自然人、法人和其他组织。林业碳汇生态功能损害行为主体的范围非常广泛，我国《环境保护法》规定"一切单位和个人都有保护环境的义务"，任何对林业碳汇生态功能损害后果的产生或扩大应承担预防义务的单位和个人都可能成为林业碳汇生态功能损害的行为主体。

2004年，欧盟发布《关于预防和补救环境损害的环境责任指令》，其

中通过明确"管理者"的定义，将国家公权力部门纳入了生态损害行为主体的范畴。很多学者认为，当国家公共权力部门因其直接行为造成生态损害或因未能履行其法定管理职责而间接导致生态环境退化及产生潜在危险时，该部门也属于生态损害的行为主体(吴倩，2018)。

因此，林业碳汇生态功能损害行为主体涵盖的范围应该非常广泛，包括任何对林业碳汇生态功能损害后果的发生或者扩大负有预防义务的个人和组织。

(三)林业碳汇生态功能损害非生态损害行为主体

在一些情形下，责任主体与行为主体是分离的。林业碳汇生态功能损害中，林业碳汇生态功能损害行为所造成的损害结果往往十分严重，而相对于已经和将会造成的巨大损失，承担责任的能力则十分有限，将林业碳汇生态功能损害系统完全恢复至损害行为发生前所需的金额很可能超出损害行为主体的资产总额。因此，如果所有情形下，都由损害行为主体承担全部损害责任，往往即使该主体破产也难以实现保护、恢复生态系统功能的目的，反而会造成经济和生态的双重损失。

因此，类比民事责任中的替代责任，依据责任分散理论，将林业碳汇生态功能损害责任的承担部分"外部化"、"社会化"，由损害行为主体以外的人或组织与林业碳汇生态功能损害行为主体共同承担损害赔偿责任，也就是林业碳汇生态功能损害责任的社会化。

(四)林业碳汇生态功能损害赔偿的受偿主体

对于直接造成人身、财产损害的，被损害人可以依据民法等相关法律依法获得受偿主体资格。林业碳汇生态功能损害是指尚未造成直接人身财产损害的林业碳汇生态功能损害，其受偿主体是一个值得讨论的问题。

1. 林业主管部门

国家各级林业主管部门对其管辖范围内的林业碳汇生态功能进行定期监测和评价，具有林业碳汇生态功能保护和管理的职责。作为受偿主体，国家机关在林业碳汇生态功能损害赔偿管理方面具有区别于非政府管理机构或团体的法律所赋予其的特殊方式，更为直接有效。政府相关林业碳汇生态功能管理部门是林业碳汇生态功能损害赔偿责任制度中重要的受偿主体。

2. 林业碳汇生态功能环境保护组织

林业碳汇生态功能环境保护组织，是指具有权威性的专门技术机构，具备独立评估一定区域内林业碳汇生态功能系统质量水平、制定科学合理的损害修复工程计划等基本林业碳汇生态功能管理能力的专业性组织。一般也可以被公益性环境保护组织涵盖，环境保护组织的出现是公众参与环境管理的一种积极、有效的方式，是对政府环境管理的重要补充，对监督政府实施环境管理职能具有积极作用。林业碳汇生态环境组织在组织使命和价值追求上均不同于政府机构，政府在做出相关林业碳汇生态功能管理决策时，或多或少地会偏重于经济利益与近期需要解决的社会问题。而林业碳汇生态功能保护组织活动的开展更主要是以保护林业碳汇生态功能这一目的为核心，以保护林业碳汇生态功能损害为最终价值追求。并且，林业碳汇生态功能保护组织在一定程度上通过其社会公众基础对林业碳汇生态功能的管理情况进行监督。

总之，上述两种受偿主体在利用赔偿金修复林业碳汇生态功能的作用上相互补充，在执行过程中相互监督，两种受偿主体相结合的方式更有利于建立林业碳汇生态功能损害赔偿法律制度。

（五）林业碳汇生态功能损害索赔主体

我国现行立法没有明文规定谁具有诉讼主体资格，谁可以代表国家追究行为人的法律责任。《环境保护法》作为环境部门法的基本法，只赋予了公民、法人和其他组织检举和控告污染环境、破坏生态行为的权利。《民事诉讼法》第五十八条的规定被认为是原则上确立了环境公益诉讼制度，但也只是笼统地提到"法律规定的机关和有关组织可以向人民法院提起诉讼"（吕忠梅，2016）。没有明确的责任主体势必造成实践中的难以确认，互相推诿，或者是相互扯皮，特别是在我国现有的环境和生态管理工作相互交叉的体制下。

目前，我国现行法律也只有《海洋环境保护法》明确了国家作为自然资源生态损害赔偿权利主体的法律地位，其他法律事务停留在对环境污染和生态破坏造成的私益损害的保护层面，也没有对国家索赔权的明确规定。

公益诉讼制度的原告主体只限于法律规定的机关和有关组织，个人不能作为公益民事诉讼主体。在司法实践中，个人提起的生态损害诉讼并不被法院认可。如在 2005 年的松花江污染案中，法院驳回了北京法学院教授和研究生代表自然物作为诉讼主体提起的生态损害赔偿诉讼。

我国森林资源的所有主体多种多样，有国家所有的国有林场、湿地，也有集体所有的林地，还有个人所有的林木，等等，当这些不同主体所有的森林资源自身遭到损害，由谁来索赔尚不明确。一直以来，我国的法律法规都只明确了直接遭受损害的单位和个人有权要求损害赔偿，并且都是直接的自然资源价值的赔偿。而有权代表国家提出赔偿的环境保护主管部门或者相应领域的主管单位，却只是负责对污染引起的损害赔偿责任和赔偿金额的纠纷进行调解，或在人数众多的共同诉讼中，支持推选代表提起诉讼，本身并没有被赋予正当的受法律保护的诉讼权利，作为一方当事人的诉讼地位也没有得到尊重。那么，在解决林业碳汇生态功能损害赔偿问题时，依据何种规定确定索赔主体？

1. 国家具有代表公共利益索赔的主体资格

国家作为社会公共利益的代表，认定森林资源和其固碳增汇功能是公共利益的一部分。自然资源与生态环境资源并非国家垄断所有，而是基于"公共信托理论"，国家（政府）代表全国人民共有并管理这些资源。因此，政府作为索赔权主体的资格源自其代表全体国民管理与保护林业碳汇生态功能的责任。当林业碳汇生态功能因破坏而受损时，政府有义务向侵害者提出索赔，保护公共环境利益。这一理论不仅强调了我国森林资源，特别是林业碳汇生态功能的公共利益属性，也改变了视森林资源为国家专有财产的思维，加强了政府和相关部门保护公共环境利益的责任感。

林业碳汇生态功能损害的索赔权，是指索赔权人享有要求责任人对其侵犯林业碳汇生态功能权益并造成了相应的生态损害后果的行为承担赔偿责任的权利。在生态权利被侵犯之后，受害人被侵害的权利转化为索赔请求权，加害人的义务转化为责任的承担，双方当事人之间形成的这种索赔权与赔偿责任的关系是一种法律索赔关系。林业碳汇生态功能损害索赔关系的客体是全体国民整体的林业碳汇生态功能利益，它代表一种公益而非一种私益，因此应该选择能够代表这种公益的主体来行使索赔权。而笔者认为，这种索赔权应该由国家所享有，具体说则是应由政府来行使。政府具有代表这种公益行使索赔权的资格，国家是一个整体概念，代表国家履行社会公共管理职能的主体是政府，无论是资本主义社会还是社会主义社会，政府都具有代表社会公共利益的主体资格，并具有管理社会公共事务的管理职能。因此国家的职能就是政府的职能，政府因而获得了自然资源以及生态损害中的索赔权主体资格。美国在生态损害索赔主体资格问题上采取的是信托管理理论，是将最早来源于罗马法航行权、捕捞权的信托理论进行了普通法上的拓展，并最终运用到了自然资源损害赔偿制度之中。在这一理论中，自然资源属于全体国民，国家是国民的受托人，代为管理自然资源并行使权益，而政府作为国家的代理人，有责任管理国有财产。当这些财产遭到非法侵害时，授权部门应行使索赔权。政府还必须在损害可能发生时采取措施防止损失加剧，并评估损失程度。获得赔偿后，政府应及时进行恢复和修复工作，并实施相应的替代方案。

国家作为环境资源和环境利益、生态利益的代表，当然拥有环境损害赔偿权利，但是国家只是一个概念，要实现相应的政治目的、经济目的必须具有适当的组织形式，在不同领域由不同且具体的机关来实现国家的权利和权力。因此，代表国家行使索赔权主体资格的应当是相应的环境行政部门。如《海洋环境保护法》第九十条规定，"船舶发生海难事故，造成或者可能造成海洋环境重大污染损害的，国家海事管理机构有权强制采取避免或者减少污染损害的措施。对在公海上因发生海难事故，造成中华人民共和国管辖海域重大污染损害后果或者具有污染威胁的船舶、海上设施，国家海事管理机构有权采取与实际的或者可能发生的损害相称的必要措施"，以授权的方式赋予了对海洋环境负有监督管理职责的行政机关享有海洋环境损害的索赔权。那么相应地，林业碳汇生态功能损害赔偿的索赔权也应该是由国家林草局以及各地方的林草主管部门行使。由林草主管部门具体来行使国家的索赔权主体资格，主要是由于生态损害索赔的专业性要求。因为造成林业碳汇生态功能损害的原因众多，且环境污染和生态破坏与林业碳汇生态功能损害等问题的因果关系认定难度大，损害后果被确定的难度也高，所以，最终的相关数据和结果认定都需要经过专业的分析、检测和多次的科学实验。这些方面，林草主管部门有着其他部门无法比拟的优势。另外，林草主管部门参与制定了大量生态环境保护政策法规、技术标准等，掌握大量信息，可对林业碳汇领域具有代表性的案件进行总结，把有价值的信息反馈到行政方针之中，并在后续的机制运行之中实现及时调整和补救。基于林草主管部门在林业碳汇生态功能损害中独一无二的资源优势和行动力量，决定了其作为行政部门之一代表国家实施林业碳汇生态功能损害索赔权利。

2. 林草主管部门代表国家作为索赔主体

第一，理顺法律适用问题。《环境保护法》和民法在调整林业碳汇生态功能保护的范围与方式上各有侧重，且两者紧密相连。应明确划分民法与《环境保护法》的调整范畴，民法不足以调整的领域由《环境保护法》接管，以提升后者的效力。为此，立法机构需在技术层面梳理二者的法律关系，确保二者协调一致，并便于执法机关准确执行法律（孙佑海等，2022）。当前，应出台林业碳汇生态功能损害赔偿的司法解释，明确法律责任的界限，并详细规定赔偿义务，确保人民法院能正确处理环境侵权引发的赔偿案件，并保障公众在每个案件中都能体验到公平和正义。

第二，明确林草行政主管机关作为林业碳汇生态功能损害赔偿主体地位。由林草行政主管机关作为损害赔偿请求主体，相较于私法上的自然人、法人或其他社会组织，具有较强的优势。根据"公共产品"理论，大部分社会公众都具有"搭便车"的心理，只要林业碳汇生态功能危害行为没有侵害到他们个人的人身与财产权益，他们不会去关心这些行为是否危及生态系统的平衡。这是因为私法上的自然人或者法人仅仅应当履行不侵犯社会公共利益的义务，而不需要履行积极保护社会公共利益的职责。个人在其利益与公共利益相冲突时，如无法律强制规定牺牲私利以维护公共利益，即有权优先保护自身利益（卢瑶，2018）。而对于林草行政主管机关来说，保护林业碳汇生态功能，实施林业碳汇生态功能保护措施，追究侵权行为人的责任是其必须履行的职责和义务，其所享有的林业碳汇生态功能损害的索赔权不仅是一种必须及时行使的权利，更是一种职责和义务。故应当在法律规范中明确规定林业行政主管机关具有原告资格，而且其完全具备胜任此项任务的能力。

首先，行使索赔权需要举证，证明行为人造成的生态损失数额，这就要求索赔权人事先估算出具体的生态损害赔偿数额。而要对生态损失做出准确估算是十分困难的，需要借助于先进的评估技术或者是聘请专业的评估机构进行估算。一般社会公众并不具备评估生态资源损失的能力，在法律没有授权的情况下，私法上的主体也没有资格聘请社会上的专业评估机构进行估算，即便他们有财力聘请相关机构，但他们所做的估算数据也难以作为司法判决的依据。

其次，由林草行政主管机关作为林业碳汇生态功能损害赔偿请求人，更具专业性。林草行政主管机关是林业碳汇生态功能保护的管理与监督部门，有权力对潜在林业碳汇生态功能危害行为人的生产与经营状况进行检查，同时也有条件在最短的时间内采取相应对策。与普通公民相比，林草行政主管部门能够更加及时地发现损害，并预防与控制损害的扩大。

再次，索赔权是一个权利与义务的集合体，其不仅包括要求责任人赔偿的权利，还包括执行恢复、修复与替代受损资源的义务，只要发生了林业碳汇生态功能损害，不管责任人是否已经做出了赔偿，作为保护机关的林草行政主管部门都必须及时地执行恢复措施，并且有能力保障赔偿的实际执行。

3. 林草主管部门的索赔机制

在各种纠纷解决机制中，诉讼是最常见的一种。林业碳汇生态功能损害赔偿责任通过诉讼的方式，能够较为直接地实现权利救济。同时应当允许林草主管部门以原告的资格提起赔偿诉讼，也可以理解为是一种公益诉讼。此种诉讼能够聚合权利请求，实现诉讼效益的最大化。林业碳汇生态功能损害赔偿责任通过诉讼方式救济，既有其特定价值，又需要适当的控制，其关键是设计一套科学合理的制度。

《民事诉讼法》第五十八条规定："对污染环境、侵害众多消费者合法权益等损害社会公共利益的行为，法律规定的机关和有关组织可以向人民法院提起诉讼。"由此可以看出，我国目前法律规定的可以提起公益诉讼的适格原告主体只包括法律规定的国家机关和有关组织，但对于国家行政机关是否有权提起赔偿诉讼没有明确规定。笔者认为，既然国家行政机关可以提起公益诉讼，同样有资格提起赔偿诉讼。

明确了林业部门作为国家索赔权行使代表的索赔机关，同时还需要进一步明确索赔权该如何行使，也就需要进一步明确行政机关的级别。如果全部涉及林业碳汇生态功能损害赔偿的案件均由国家林草局来负责，这必将给国家林草局带来巨大的工作压力，实施起来也并不切实际。所以，应根据我国机构设置及林业分布的具体情况来确定具体的林业碳汇生态功能损害索赔权行使单位和行使方式。《环境保护法》第二十条规定，"国家建立跨行政区域的重点区域、流域环境污染和生态破坏联合防治协调机制，实行统一规划、统一标准、统一监测、统一的防治措施。前款规定以外的跨行政区域的环境污染和生态破坏的防治，由上级人民政府协调解决，或者由有关地方人民政府协商解决"。林业碳汇生态功能损害赔偿案件应当参照环境损害索赔的规定，由生态损害发生地的地市级政府指定当地林草主管部门负责，如果损害发生在两个或两个以上行政区域，由共同的上一级林草主管部门或指定某下级林草主管部门负责索赔。此外，还可以根据林业碳汇生态功能损害的影响程度和涉及范围确定级别管辖，即林业碳汇生态功能损害程度较轻的、影响范围较小的由地市级林草主管部门代表索赔；林业碳汇生态功能损害程度中等的、影响范围一般的由省级林草主管部门代表索赔；林业碳汇生态功能损害程度严重的、影响范围较大的由国家林草局代表索赔。而具体程度的确定需要通过相应的评估规则和评估方法进行确定。

第一，发出生态损害索赔函。索赔函原本是经济交往中常用的一种文书，是一方基于平等主体的身份，以经济活动中对方违反约定给自己造成损失，而向对方主张赔偿的文书。这种索赔函符合林业碳汇生态功能损害的民事索赔性质。林草主管部门基于国家授权，以所有人身份对侵害生态环境的企业和个人发出生态损害索赔函。具体内容包括：①造成林业碳汇生态功能损害的责任者姓名、名称和住所；②损害事实、理由及有关证据，包括对森林固碳增汇功能造成生态损害的情形；③以造成林业碳汇生态功能损害的数额为依据的索赔数额及计算方法；④可以承担赔偿责任的方式和期限，比如生态修复、异地种植、赔偿金等；⑤提出异议的方式。

第二，进行林业碳汇生态功能损害赔偿磋商达成赔偿协议。赔偿磋商是进行索赔的救济机制之一，也是于诉讼前开展的程序。赔偿磋商是索赔主体和赔偿义务人对赔偿的一系列事宜进行的协议，包括对索赔函中提到的损害事实和程度、可以承担赔偿责任的方式、责任承担方式的时间和期限等内容进行协议和磋商。在磋商中，双方法律地位平等，可以针对林业碳汇生态功能损害的修复和赔偿等问题提出主张，提供证据和事实依据，并可于合意达成前的任何阶段退出磋商程序。如果赔偿义务人认同林业碳汇生态功能损害修复方案及其费用，则达成赔偿协议，并将赔偿协议内容向社会公开，接受社会监督。

第三，提起林业碳汇生态损害赔偿诉讼。如果生态损害主体与林草主管部门未达成赔偿协议，则林草主管部门应该依法向法院提起赔偿诉讼。虽然《民法典》已经将生态环境损害赔偿纳入环境侵权的范围，但环境侵权受害者多为普通公民。他们会存在信息不对称、财力不对等的社会现实。林业碳汇生态损害侵害的是森林资源生态利益，索赔主体是林草主管部门，从而避免了双方信息不对称、财力不对等等救济难题。而且单纯环境侵权的个人索赔主体不能完全保证或愿意去保证生态利益的恢复，这就必须与环境公益诉讼制度相协调，但公益诉讼制度仍然无法解决诉讼主体缺位的难题。

三、林业碳汇生态功能损害赔偿责任构成问题

(一) 林业碳汇生态功能损害赔偿责任构成分析

1. 林业碳汇生态功能损害行为

林业碳汇生态功能损害行为是指以林业碳汇生态功能为客体的侵害行为。林业碳汇生态功能损害赔偿责任中最为重要的构成要件就是生态损害行为，没有损害行为也就不存在所谓的赔偿责任。不同类型的生态损害具有不同的特点，而针对不同类型的损害选择正确的解决方案是有效填补生态损害的必要条件。根据不同标准，生态损害分为多种类型：按原因分，

可划分为投入性损害和取出性损害；按行为是否违法，可划分为合标准生态损害和超标准生态损害。林业碳汇生态功能损害并不仅限于违法行为。环境标准一般只是对可能危害生态系统行为的基本要求，这些要求与实际可采纳的有效防范措施标准往往有一定差距，且通常低于更高的科技标准。当行为主体遵守环境标准且存在其他责任要件时，法律应要求其对所造成的生态损害承担责任。这会激励行为主体提高对生态系统的保护水平，更加谨慎和有效地预防生态损害，从而实现将损害成本内部化（竺效，2009）。

2. 林业碳汇生态功能损害事实

林业碳汇生态功能损害事实主要是指导致森林生态系统遭到破坏，生态功能减退或丧失、林业碳汇生态功能恶化的情形。林业碳汇生态功能侵害行为中森林固碳增汇功能整体为侵犯对象，并已造成工业污染，违法占用林地、湿地，滥砍盗伐林木，非法开垦沙化土地，以及发生森林火灾、林业有害生物灾害等情形。林业碳汇生态功能损害事实要件的侵害对象直接指向林业碳汇生态功能本身，该损害事实具有公共属性。生态损害事实的构成要素不仅包括生态权益遭到损害，还包括生态权益遭受损害之后因各种要素的作用而造成或可能造成利益受损的事实后果。

3. 损害行为与林业碳汇生态功能损害事实的因果关系

从广义上来讲，因果关系被理解为一种情形引发另一种情形的判断。因果关系是林业碳汇生态功能损害赔偿责任中归责正当性的基础，只有违法行为与损害结果之间有客观联系，即特定的损害事实是行为人的行为必然引起的结果时，才对相应的损害事实承担责任，从而使得归责结果具有正当性。因果关系的认定也能使责任承担的分配更加公平与合理。一般认为，因果关系要件是为了避免因果链条过分延伸，从而有效限制责任。因为在林业碳汇生态功能损害赔偿责任中因果关系是一个十分复杂的问题，在生态危害行为与损害事实之间又有环境因素的介入，从而加大了这一问题的难度，所以在处理一因多果、一果多因、第三人介入等复杂情况下，准确地分析因果关系是公正合理分配责任承担的重要环节。

4. 林业碳汇生态功能损害赔偿责任的归责原则

传统理论一般认为对环境侵权责任应采取无过错责任，这有利于减轻受害人的举证责任，使其更容易获得损害赔偿。如果将林业碳汇生态功能损害赔偿责任制度的目的定位为通过建立该制度来激励潜在损害者采取有效防范措施，防止损害发生，以减少社会整体损失，这将更符合赔偿责任制度设立的根本目的——保护林业碳汇生态功能。因此，针对林业碳汇生态功能损害赔偿的法律责任，应根据行为人的具体行为给生态环境带来的危险程度来确定归责原则，并适用于不同情形。对于"危险行为"，即对导致林业碳汇生态功能损害具有一般性的、内在固有危险性的行为，如排污行为，违法占用林地、湿地，滥砍盗伐林木，使用危险设施行为等，应采取无过错责任。而对于"非危险行为"，即对生态损害行为不存在固有危险性的行为，如药厂的制药行为等本身不会对林业环境造成损害，应采取过错责任归责原则。

生态损害责任形式主要表现为财产责任，但也不仅限于财产责任。近代以来，大陆法系各国几乎均将损害责任的承担方式分为金钱赔偿和恢复原状两种，而林业碳汇生态功能损害赔偿则是专指以向法定的国家机关或环境保护组织支付货币的方式承担生态损害责任。

(二) 完善林业碳汇生态功能损害赔偿的责任构成

目前，林业碳汇生态功能损害赔偿责任人范围还不全面，在能够确认赔偿责任主体的情况下缺乏严格的追溯、连带等责任主体认定原则。在责任主体无力承担赔偿责任的情况下，缺乏健全的赔偿责任分担和公共补偿制度规则。

此外，依据我国《民法典》的规定，"因污染环境、破坏生态造成他人损害的，侵权人应承担侵权责任"。该规定确认了环境污染适用无过错责任，而没有规定自然资源本身遭到破坏的行为应当适用何种归责原则。同理，林业碳汇生态功能损害赔偿的归责原则同样需要进一步明确，如果仍然采用过错责任原则，将无法改变"个体污染，公众承担"的生态不正义现象，因为在许多企业因其生产活动所造成的林业碳汇生态功能损害中，可能并不存在主观过错，有些即使存在主观过错，对其过错的证明也十分困难。那么，无法要求污染者和侵权行为人承担损害赔偿责任，损害后果由社会公众来承担，受损的林业碳汇生态功能损害权益也就无法得到补救。在 2017 年出台的《生态环境损害赔偿制度改革方案》中，关于生态损害赔偿归责原则中也没有供林业碳汇生态功能损害赔偿领域借鉴的规定，而归责原则又是确定侵权行为人行为性质和进行定性的重要依据，所以林业碳汇生态功能损害赔偿归责原则的进一步明确，是本领域要面临的另一重大问题。

1. 明确责任主体

根据法律法规的规定，不同的污染源具有不同的责任主体。相应地，造成林业碳汇生态功能损害后果的不同行为，也可以参照已有的法律规定确定相应的赔偿义务人。《民法典》规定了环境污染的一般责任主体。即三个层次的责任主体。一是单独侵权责任主体，承担单独责任；二是共同侵权责任主体，承担连带责任；三是受害人选择侵权责任主体。这三个层次均可以用来确定林业碳汇生态功能损害赔偿领域的责任主体，要求其依据"谁污染、谁付费"原则，采取预防措施以消除或减少损害带来的风险，并最终承担赔偿相应金额的恢复费用的责任。

2. 明确责任承担方式

林业碳汇生态功能损害的首要责任承担方式，就是在林业碳汇生态功能损害评估鉴定的基础之上，或是通过双方的磋商，或是通过诉讼方式，确定最终的赔偿数额。责任主体将磋商或判决数额相应的货币交付给权利人，以完成这一部分的责任承担。

除了通过赔偿金的方式承担责任之外，责任主体还需要采取相应的恢复措施，将所损害的林业碳汇生态功能恢复到基线水平。因为仅仅规定单一的金钱赔偿责任方式，并不能排除个别责任主体为了其他目的甘愿缴纳赔偿金的情形。所以为了惩罚其损害行为，更为了对其他主体起到一定的警示作用，恢复责任必不可少。

通过异地再造这一方式进行责任承担。异地再造形式，是指当按照归责原则和证据原则确定了承担责任的方式，但是现实的救济已经无法改变业已造成的对森林资源和林业碳汇生态功能的损害。那么就可以通过异地再造形式，要求责任人在条件适宜的地区建造与其责任相一致的林地，以对其所损害的林业碳汇生态功能起到一定的责任承担作用。

3. 明确归责原则

未来的《环境损害赔偿法》以及《林业碳汇生态功能损害赔偿办法》的基础均着眼于确立直接损害赔偿责任。由于环境损害具有特殊性，其赔偿责任的归责原则和因果关系的认定不同于一般民事责任。简而言之，环境损害赔偿责任标志着环境责任向"社会化"转变的开始，同时也构成了《环境损害赔偿法》的核心内容（刘长兴，2010）。通常，环境侵权责任采用无过错归责原则。但鉴于环境侵害行为的多样性，尤其是林业碳汇生态功能损害的复杂性，若不加以区分，可能显得笼统。具体而言，违反环境保护和污染防治的强制性规定造成环境损害者应当承担赔偿责任，即应用客观过错责任；正常经营活动中按法定标准排放污染物，但仍造成损害时，除非侵权人能证明自身无过错，否则应承担赔偿责任，即采用过错推定归责原则；因环境事故泄漏导致环境损害时应当赔偿，即无过错责任。目前，我国《森林法》和其他自然资源相关法律对破坏自然资源的侵权行为承担责任有明确规定，但在追究责任时主要采用过失责任原则。这一原则在对受害者的保护方面，特别是地面沉降和生态破坏情况下可能显得不够有利。实际上，由于环境污染和生态破坏在环境问题中交互作用并具有复合效应，生态破坏造成的侵权应实行无过错责任归责原则，一些国家的环境立法已经采纳了这一原则。

四、林业碳汇生态功能损害赔偿范围问题

（一）林业碳汇生态功能损害赔偿范围现状

林业碳汇生态功能损害赔偿有其特殊性，主要是其涉及对公众林业碳汇生态功能权益的侵害，危害的是不特定的大多数人的利益，影响的也是环境质量和森林资源的利用和发展。

2017 年 12 月，中共中央办公厅、国务院办公厅印发了《生态环境损害赔偿制度改革方案》，对"生态环境损害"的定义为"因环境污染、破坏生态造成大气、地表水、地下水、土壤、森林等环境要素和植物、动物、微

生物等生物要素的不利改变，以及上述要素构成的生态系统功能退化。"这一定义对生态损害赔偿给予了很大的空间，表明了我国对生态损害赔偿的重视(郭雪艳，2020)。2022 年 4 月，生态环境部联合最高法、最高检等14 家单位共同印发了《生态环境损害赔偿管理规定》。但现阶段看来，对于林业碳汇生态功能损害赔偿的范围认定却仍存在一定的争议。因为森林资源自身的特点，我国《森林法》、《环境保护法》等法律法规中都没有对不同行为造成的林业碳汇生态损害赔偿范围进行认定，其具体是否应该包括环境容量损失、林业生物多样性损失、林业碳汇生态服务功能损失等，还存在着诸多争议和分歧。

(二) 林业碳汇生态功能损害赔偿范围界定

依据一般侵权损害赔偿的法理，损害赔偿的范围主要是通过计算实际的经济损失而确定的，同时还会适当考虑可以预见的损害。但国内外的大多数专家学者都认为生态资源的价值，不同于一般损害所造成的损失。所以，笔者建议，林业碳汇生态功能损害赔偿范围的确定，应当采取"法规目的说"。根据该学说，损害结果仅在法律目的所涵盖的范围之内，才可以要求侵害人承担赔偿责任。其中，法规目的所涵盖的范围包括法律所保护的权利和利益，及法律规定的与此相应的义务。无论从权益的角度，还是义务的角度，损害赔偿的范围都应该是权益所受的损害。林业碳汇生态功能损害赔偿立法的目的就是为了全体国民乃至全人类所共有的林业碳汇生态权益不受侵害，因此与林业碳汇生态权益所对应的是生态资源的保护义务。根据"法规目的说"，林业碳汇生态功能损害的赔偿范围应当是林业碳汇生态权益所受到的损害。因此，相较于传统的《民法典》等法律仅对现实利益的损害进行赔偿的直接计算方法，"法规目的说"所采用的"预防与恢复计算法"更适合被应用于生态损害赔偿范围的界定之中。这里的"预防"指的是在有损害发生的危险的情况下，为了预防潜在危险转变为实际损害，或在损害已经发生时避免其进一步扩大和恶化，需要采取一定措施。"恢复"是指采取措施使受损部分恢复到未发生损害前的状态。赔偿的范围即计算上述预防与恢复措施所要花费的费用。

（三）对预防性林业碳汇生态功能损害的赔偿

预防性赔偿体现的是林业碳汇生态功能损害立法的预防功能。王泽鉴先生曾提出"损害的预防胜于损害的补偿"。《欧洲侵权法原则》第 2：101 条第二款也规定，为预防可能发生的损害而支出的合理费用应予赔偿。其中，"预防可能发生的损害"是指危险是真实的，如果不采取预防措施，损害就会立即发生；"合理的费用"是指为了防止损害的威胁而支出合理的费用，即使没有完全避免损害，但是在实际上减少了损害的数量和程度的措施，也是可取的。

因为林业碳汇生态功能损害的后果具有持续性强、恢复困难、波及范围广等特点，一旦发生生态损害，就难以得到完全的恢复和根除，并且这种损害将伴随生态系统相当长的一段时间。因此预防这种结果的发生就显得尤为重要。以林业环境污染为例，由于不合理开采或污染物排放而使森林生态系统遭受破坏后，森林生态系统首先会通过自身的自净能力使污染和危害降低，在持续一段时间之后，危害才会逐渐显现出来，最终造成林业碳汇生态功能不可逆的危害。所以，在破坏持续累积的时间段内，预防措施的采取就显得尤为必要。因此这一阶段所做的工作和付出的努力都应该被包括在赔偿的范围之内。具体包括：①预防费用，即在有迹象表明损害很有可能发生的情况下，为了避免这种情况发生而采取的措施所花费的费用。这些措施包括：查明污染源、清理污染物、停止实施侵害行为、确定责任人等。②惩罚性损害赔偿费用，惩罚性损害赔偿是英美法系普通法中的一种补偿措施，旨在惩罚民事案件中被告的不当行为，并起到震慑和预防未来同类行为的作用。这种赔偿要求责任方在弥补实际损失之外，额外向受害人支付一笔费用以作为惩罚。鉴于林业碳汇生态功能损害具有逐步增长和蔓延的特性，从事故发生到损害结果显现之间会存在时间间隔。这段时间恰是预防损害扩大和发生的关键时期。因此，在损害尚未出现但存在危险的情况下，权利人应立即要求责任方采取预防性措施，有效遏制事态的恶化。如果损害已经发生则应该采取必要措施，降低损害程度，如果责任人故意或者拖延实施相应的预防措施，则必须承担因给林业碳汇生态功能损害造成恶化和严重的后果所应承担的惩罚性赔偿责任。

(四)对恢复性治理费用的赔偿

恢复性治理费用的赔偿是指为了将受损的生态环境修复至原先状态，或在无法直接恢复的情况下通过提供替代资源来补偿受损生态，以及为补偿修复过程中损失的生态服务功能而支付的费用。主要包括：评估费用、恢复费用和补偿性恢复费用。

评估费用是指因评估损失和选定恢复林业碳汇生态功能损害系统功能的措施所花费的费用。具体的评估规则和评估方法，是目前生态损害赔偿领域和林业碳汇生态功能损害赔偿领域研究的重点和热点之一。恢复费用是指将受损害的林业碳汇生态功能恢复到损害发生之前的状态，以及在无法实现恢复到原有状态的情况下提供替代资源所花的费用。补偿性恢复费用，则是指受损害的林业碳汇生态功能无法完全恢复时，为补偿损失的原有生态服务功能而支付的费用。

五、林业碳汇生态功能损害索赔救济机制

目前，我国环境损害赔偿途径可分诉讼方式和非诉讼方式两大类，在实践中运用较多的诉讼方式主要包括民事侵权损害赔偿诉讼和环境民事公益诉讼，非诉讼方式主要是行政调解。其中，行政调解和侵权民事诉讼主要用于救济环境污染导致的人身财产损害，环境公益诉讼主要用于救济环境污染导致的公共环境利益损害。不特定的多数人人身财产损害的救济可运用环境侵权民事诉讼中的代表人诉讼制度。理论上，政府机关、环保组织、公民个人都具有对林业碳汇生态功能损害等公共环境利益损害的起诉资格，但并非所有具有起诉资格的主体均享有同等的主体资格。政府即林业行政管理部门为林业碳汇生态功能损害索赔的第一层次主体，在其拒绝或怠于履行维护和救济公共环境利益义务的情况下，社会组织、公民等第二层次的主体方能启动救济程序。

索赔主体通过提起林业碳汇生态功能损害赔偿诉讼、磋商的方式，获得赔偿，用于恢复林业生态环境，适合成为主要的保护林业生态环境的方式之一，但其仍然具有一定的局限性。因为诉讼要经过特定的时间段，而林业资源尤其是森林资源、湿地等都具有被损坏后的不可逆性和时间上的

紧迫性，那么越长的评估、鉴定和诉讼时间，就可能会造成即使最终胜诉，却仍然造成林业生态环境的不可挽救。如何弥补林业碳汇生态功能损害赔偿的局限性，更好地完善与其相配套的制度和规则，仍然是此领域亟须解决的问题之一。

(一)开展林业碳汇生态功能损害赔偿磋商

关于磋商的性质，有民事合同说和行政协议说两种，由此可见，磋商是基于赔偿人与索赔主体对赔偿数额、赔偿能力及修复方案的可行性进行充分论证和协商基础上达成的。依据主动磋商、司法保障原则，实现磋商与诉讼的衔接。对于林业碳汇生态功能损害赔偿已经达成协议但被拒绝履行的，可以向法院申请强制执行；对于未达成赔偿协议的，可以在协议不成后，向法院提起林业碳汇生态功能损害赔偿诉讼。

(二)诉讼模式

首先，从公共利益考量角度，优先赋予政府及授权部门的优先诉讼权利，作为诉权的第一层级。因为政府及授权部门获得诉权是基于对自然资源的所有权所产生的。其次，公民、法人和法律规定的社会组织在政府未有效行使诉讼权或损害超出公共利益范畴时，基于环境权益受损依法提起诉讼的权利，作为第二层级。2015年1月，我国首个以侵害林地、毁损林木为诉讼内容，主张包括生态损害赔偿在内的环境公益诉讼(北京市朝阳区自然之友环境研究所、福建省绿家园环境友好中心诉谢知锦等四人破坏林地民事公益诉讼案)引发了林业碳汇生态功能损害赔偿领域相关问题的思考，包括生态损害赔偿的性质、索赔主体、诉讼顺位、赔偿范围等问题，对生态损害赔偿诉讼制度的建立有很大启示作用。

(三)社会化救济

林业碳汇生态功能损害案件中有可能出现无法确定生态损害加害人的情形，因此，未来的立法也应明确规定责任人无法确定的生态损害的补充规则。生态损害赔偿责任人无法确定的情况包括如下两种基本类型：其一，生态损害责任人确定，但无力支付部分或全部赔偿款的情形；其二，无法根据生态损害赔偿法律责任构成制度确定具体的直接责任主体(即生态损害的加害责任人)的情形，可以称为"责任人不明"。一旦出现生态损害赔偿责任人无法确定的情形，则应考虑通过社会化填补的方式修复生态损害，即在无法确定责任人或者虽然责任人可以确定但赔偿数额超过了责任人的承受能力时，启动资金支持的预防性措施和恢复性治理措施。具体包括：

（1）建立责任保险制度。对于在森林资源所在地从事具有污染和生态风险的单位和个人，以其可能造成的生态损害赔偿责任为保险对象。该保险制度具有加强生态保护力度的作用。

（2）建立林业碳汇生态功能损害填补基金制度。对于在森林资源所在地从事具有污染和生态风险的单位和个人，由政府对其征收林业碳汇生态功能损害救济金。当然，此制度的运行，需配套严格的规范来规制。

六、建立林业碳汇生态功能损害赔偿金保障机制

林业生态损害赔偿金是赔偿义务人由于破坏森林资源，造成林业碳汇生态功能损害后果，而承担的对森林资源生态环境采取修复、治理措施所需费用的一种货币化形式。由于此类赔偿金往往数额巨大，赔偿金的使用和管理机制直接影响生态功能恢复效果，因此如何保障资金合理利用是制度设计的关键环节。国内实践中，已有少量相关规范性文件对生态损害赔偿款的管理、使用和监督作出一些规定。

林业碳汇生态功能损害鉴定评估制度的资金保障包括鉴定评估费用和生态损害赔偿两部分。林业碳汇生态功能损害赔偿是林业碳汇生态功能损害鉴定评估最终确定的侵害责任者应当承担的费用，包括林业碳汇生态功能损害赔偿、林业碳汇生态功能损害修复费用等。赔偿主体一般为造成生态损害的企事业单位和其他生产经营者。为了解决侵害人无力承担生态损害赔偿的问题，我国借鉴国外的环境责任社会化的经验，积极探索建立和完善生态环境责任保险和生态损害赔偿基金制度，后者主要有法定设立的基金和民间自愿设立的基金。林业碳汇生态功能损害鉴定评估费用在司法鉴定实践中，分为两种情形：当事人委托鉴定的，相关法院向申请人预收费用；法院依职权委托司法鉴定的，由法院先行垫付。但两种情况最终都由裁判文书中确定鉴定费用承担人负担鉴定费用。为保障林业碳汇生态功

能损害评估费用，应建立以政府财政和专项资金为主导的资金保障机制，并逐步过渡到由独立基金支持评估工作的体系。在私益损害赔偿方面，针对可能造成重大健康风险或财产损失的事件，需要建立一个政府主导的赔偿机制，逐步发展成以规范的行政救济为主，辅以司法救济和纠纷调解的制度。在赔偿资金保障方面，可结合生态功能区划、环境敏感区分类等管理制度，构建适应不同类型受损生态环境的恢复专项资金机制，逐步设立生态环境恢复的独立基金。最终目标是创建一个包含独立运作基金、高环境风险企业互助金、环境责任保险等多渠道的综合性资金保障体系（窦晶鑫，2019）。

（一）建立林业碳汇生态功能损害赔偿金使用管理机制

1. 确定赔偿金的使用管理部门

目前对赔偿金的使用管理有几种不同的提法，国家尚无统一规定，各地在实践中对赔偿资金的使用、管理和监督方式也不尽相同。有的地方在环保公益组织设置公益金账户，由环保公益组织进行使用，赔偿金主要用于生态修复，这种方式不尽合理，容易造成环保公益组织利用森林生态公益诉讼牟利；有的地方由法院监管使用，法院作为司法裁判的部门，对于林业碳汇生态功能损害赔偿金进行使用和管理只是权宜之计；有的地方由提起公益诉讼的检察院进行管理，也有的地方由林草主管部门管理。林业碳汇生态功能损害赔偿金数额较大，使用和管理不当不但不能实现生态修复的目的，还容易引发其他问题，损害森林生态损害赔偿制度的社会公信力。中央和地方也在积极探索和提出解决对策，建立包括林业资源在内的生态环境损害赔偿资金管理制度。鉴于对赔偿金使用支取监督的专业性，林业碳汇生态功能损害赔偿金以放在林草管理机构的账户为宜。

2. 确定明确赔偿金使用程序

赔偿金一般包括林业碳汇生态功能损害赔偿金及林业碳汇生态功能修复费用。为了尽快对受损林业碳汇生态功能进行救济和修复，要高效和快速地保证资金落实到位，并使实用程序简单可行。

第一，由申请方提出使用申请，交资金管理方审核。申请中需提交项目信息、使用人信息及资金使用方案和修复方案等必备事项。

第二，由资金管理方进行审核，审核人员应该包括技术人员、行政管理部门人员等，也可以包括法院委派的人员。如果审核通过，需报行政管理部门和法院备案；如果审核不通过，则说明使用方法或修复方案存在不足，需驳回申请，同时告知申请人驳回理由，并可在原方案基础上进行修改，可给予再次申请的机会。

第三，经过审核与备案，资金管理方按程序将资金拨付给申请人。申请人在资金使用过程中，有义务按要求向资金管理方进行使用情况和修复方案进展情况等事项的汇报。资金管理方有权监督使用人是否按约定用途使用。如果不按约定用途使用，可以停止发放后续资金，并可收回原来已发放资金。

(二) 建立林业碳汇生态功能损害赔偿金监督机制

1. 明确监督主体

有效的监督是赔偿金合理使用的保障。根据国家关于实施生态损害赔偿制度和各省关于生态损害赔偿制度实施的实践，林业碳汇生态功能损害赔偿金的监督主体宜采用多部门监督为宜。

第一，在林业碳汇生态功能损害赔偿中，法院是此类案件的直接受理者和赔偿金案件的执行者，赔偿义务人是赔偿金的支付者，他们都直接关心此案的实施情况和资金的使用情况，因此应赋予他们监督的权利。

第二，林业碳汇生态功能损害调查、鉴定评估、修复方案制订等生态修复事件中的参与人员，对具体森林资源和生态环境生态损害案件最为了解，也知晓资金使用是否适当，因此，他们应成为生态损害赔偿金使用的监督者。

第三，公众是最重要的权力监督主体之一。森林资源是全民所有的资源，森林资源和生态环境的好坏关系到广大人民群众的公共利益，林业碳汇生态功能损害赔偿金是为保护和救济受损生态环境而使用的，因此全民都应该成为生态损害赔偿金使用的监督者，督促将该笔资金真正用于保护和救济受损森林资源和生态环境中。

2. 明确监督方式

第一，法院和赔偿义务人作为监督主体的监督方式。法院和赔偿义务人是直接的监督者，应在资金使用人以书面形式向管理人进行情况汇报后，再由管理人向法院和赔偿义务人报送资金使用情况说明。

第二，其他人员的监督主要通过网络平台共享的方式实现。生态损害赔偿资金管理人应统一在政府指定平台公示资金使用情况，使评估鉴定、调查人员和公众可以在网络上查看到林业碳汇生态功能损害赔偿金的基本信息及具体使用情况，包括生态修复项目基本信息及各种费用的使用情况等。

林业碳汇生态功能损害赔偿金作为事后救济的核心手段，在生态功能修复体系中具有重要作用，要规范其使用、管理和监督，并接受特定机关和社会的监督，使其真正全面发挥林业碳汇生态功能修复和治理的作用。

第三节　林业碳汇生态功能损害鉴定评估概述

一、林业碳汇生态功能损害鉴定评估的概念与方法

森林作为陆地生态系统的核心，不仅是最大的太阳能利用体，也是最具经济效益的碳吸收装置。公认的最高效生物固碳方法是森林固碳。联合国粮农组织（FAO）对全球森林资源的评估显示，全球森林生物量中的碳储量高达 2827 亿吨，平均每公顷森林存储 71.5 吨生物量碳。若将土壤、粗木质残体和枯落物中的碳计入，每公顷森林碳储量可达 161.1 吨。森林地表碳库是植被碳库的主要组成部分，其他碳库的数据可以通过与地表部分的关系推算而得（黄从红等，2012）。鉴于地下碳库数据的收集难度较大，大部分研究关注的是森林地表碳库。而土壤碳库则通过定期监测其碳储量的变化来进行评估。

林业碳汇生态功能损害鉴定评估制度，是指鉴定评估机构综合运用经济、法律、技术等手段，在对环境损害的范围、程度进行损害调查、因果关系判断、确定修复方案、量化生态环境损害数额的过程中应当遵循的一系列规程和准则。①样地实测法具有原理简单、工作量大的特点。该方法

通过收获法准确测定森林生态系统中植被、凋落物、土壤等基本碳库的碳储量，并通过连续观测获取一定时间内碳储量的变化情况（翁友恒等，2010）。此法可以避免不必要的系统误差和人为误差，从而实现森林碳汇的精确测量。优势在于其不受其他环境因素影响，直接获得的数据是森林的碳储量，减少了数据转换可能产生的误差；然而，其缺点在于需要通过采伐来获取数据，这种做法具有破坏性。而且，在较小范围内虽然精度高，但在较大尺度应用时可能存在样地数量和标准树样本不足的问题。②材积源生物量法依据森林生物量和蓄积量之间的关系估算森林植被碳储量，该测定方法简单可行。但是，由于森林生态系统树种多样、结构复杂、林龄和生物学特性不同等因素的影响，增加了生物量和蓄积量之间关系建立的复杂性，只能用于生态系统碳汇的粗略估算。该方法优点在于通过树高、胸径等来推导森林的生物量和生产力，参数获得的方法简单；缺点是由于不同地区、不同树种木材密度变化较大，全国不能用统一平均值表示，计算结果误差较大，该方法的结果只包括植被碳储量，忽略了地下土壤碳储量。③净生态系统碳交换法是一种理论上较为理想的碳汇测量方法，其核心思想是将森林生态系统视为"黑箱"，通过测量系统与大气之间的二氧化碳通量差值实现碳汇精准测算。该方法的优势在于：非破坏性采样技术，避免对生态系统造成干扰；能够连续动态监测碳循环过程。但存在明显局限性：首先，需要安装价格昂贵的专业仪器，推广成本较高；其次，对观测站点下垫面条件要求严格，需满足平坦、植被分布均匀等要求；再次，遇到极端天气无法正常运行工作，造成数据缺失；最后，二氧化碳夜间的物理下沉会对计算结果产生较大影响。④遥感解译法是基于植物在生长过程中对太阳辐射进行吸收、透射、反射，以及辐射在植被冠层和大气中的传播。该方法综合了影响植被生产力的各种生态因素，并通过分析卫星所接收信息，构建用于森林碳储量估测的综合模型和解析表达式。这种方法的优点在于遥感技术的进步大大增强了对森林生物量研究范围、精度和时效性的提升；缺点在于依据光波进行的遥感估算在理论和技术层面仍存有不足，从而影响碳储量估算的精度。

林业碳汇生态功能损害鉴定评估制度，是生态环境损害赔偿和生态恢复的重要量化标准，具有以下功能：

第一，追究破坏者的责任，落实致害人负担原则。林业碳汇生态功能损害鉴定评估通过认定破坏者行为与林业碳汇生态功能损害结果之间的因果关系，出具鉴定意见，为森林资源破坏者承担责任提供有力的证据支持。

第二，确定和量化林业碳汇生态功能损害赔偿的数额。我们知道生态损害的结果往往是抽象的，非货币式。林业碳汇生态功能损害鉴定评估就是将林业碳汇生态功能的损害进行量化，由专家对损害的程度、因果关系和责任主体进行合理界定，然后制定生态环境修复方案等，准确判定赔偿方式和赔偿数额。

第三，创新环境行政管理方式。林业碳汇生态功能损害鉴定评估为林业行政处罚提供了科学依据，通过破坏者造成的实际生态损害，确定行政处罚数额，推动了林业行政管理方式由粗放向精细化转变，强化了个人和企业的责任意识，提高了环境行政管理水平。

第四，推进环境司法进程。科学合理的林业碳汇生态功能损害鉴定评估意见是法院判决的重要依据，是环境司法的重要一环，将林业碳汇生态功能损害鉴定评估制度纳入第四类司法鉴定类别，有助于增强林业碳汇生态功能损害鉴定评估结果的公信力，树立环境司法的权威性，进而保障环境司法的有序开展。

二、林业碳汇生态功能损害鉴定评估的不足

没有一套专业的、权威的林业碳汇生态功能损害赔偿评估、鉴定规则，必将对林业碳汇生态功能损害赔偿问题的解决产生一定的影响。目前，林业碳汇生态功能损害鉴定评估主要有以下几点不足：

(一)鉴定机构资质不清，能力不足

每一个林业碳汇生态功能损害赔偿案件提出的诉讼请求，都要依赖于林业碳汇生态功能损害的评估和鉴定。目前我国并没有一套完备的林业碳汇生态功能损害赔偿评估、鉴定规则，同时，因为缺少有授权资质的评估鉴定机构，所以不同评估鉴定组织出具的结果不仅说服力存疑，其真实

性、专业性也一定程度上容易受到各种因素的干扰，可能会影响相关案件的审判。在需要进行林业碳汇生态功能损害鉴定评估时，可以委托具有司法鉴定资质的社会中介机构执行。受害者、责任者以及法院均有权委托不同的机构进行鉴定。确保鉴定部门具备相应资格成为林业碳汇生态功能损害赔偿顺利进行的关键。目前，即便存在专门的司法鉴定机构，也未必能完全满足林业碳汇生态功能损害赔偿案件的需求。林业碳汇的生态功能损害赔偿案件涉及的专业知识和技能范围十分广泛。我国现有的司法鉴定机构虽专业集中，但可能由于忽视不同学科间的交叉和重叠，导致在系统性上存在不足。

（二）鉴定标准、方法和程序不统一

由于林业碳汇生态功能损害的成因较为复杂，林业碳汇生态功能损害的司法鉴定，较之其他司法鉴定，规范性更差。在司法实践中，各地执行不同的标准，有较大的主观随意性。

鉴定标准是确保鉴定结论准确性的基础，是判断鉴定结论对错的标准。在我国，除了司法精神疾病鉴定和部分法医学鉴定有相应的部门标准外，其他类型的鉴定，比如林业案件鉴定，普遍采用经验型鉴定标准，没有统一规范的标准，导致不同地区鉴定结论不一致，缺乏规范性。缺少统一的生态损害鉴定标准和方法，直接影响了鉴定结论的可信度。只有当同类案件采用统一的鉴定标准和方法时，鉴定意见才能被认定为客观、科学、公正、准确并且可靠，从而确保其作为证据的有效性。林业案件所涉及的问题既复杂又多样，必须制定针对不同问题的专门方法规范，以确保鉴定意见在方法论上的可信性。面对当前林业案件鉴定标准的缺乏和混乱，国家林草主管部门需联合其他相关部门，组织多学科的技术专家进行技术问题的调查研究，并在充分论证的基础上建立统一的鉴定标准，规范司法实践中的不一致做法（郭会玲，2011）。

（三）鉴定机构管理失范

我国目前尚未建立统一的林业碳汇生态功能损害鉴定评估体系，缺少必要的资金和人员支持。负责林业碳汇生态功能损害鉴定评估的机构隶属于不同的行业部门，导致鉴定管理体系混乱且缺乏行业自律。此外，由于法律法规并未明确要求具备资质的鉴定机构和监测机构必须承担鉴定评估任务，这使得一些机构对接受复杂的鉴定评估业务敬而远之，或拒绝受理委托(赵梦晓，2017)。鉴定常受到行政压力的影响不能依法独立地进行，出现随行政需求而随意改变鉴定结论的现象。比如在森林火灾案件中，在防火的高峰期，受到防火压力的影响，为起到警示威慑作用，发生森林火灾后，鉴定面积往往被扩大；同时，因涉及考核和问责，一些重特大的森林火灾，在面积鉴定上往往会打折扣，特别是在 500 亩、1500 亩等问责节点上，鉴定部门经常受行政压力而网开一面。关于林业碳汇生态功能损害鉴定也会面临同样问题。林业鉴定专业性强，对多数人员而言，审查其可信度及判断其适用程序存在较大难度。在司法实践中，办案人员因缺乏专业背景，往往难以对鉴定结论进行实质性审查。

(四)鉴定评估时间滞后

林业碳汇生态功能受损可能源于多种生产和生活因素，损害往往由多重原因引起。各类林业环境污染源释放的污染物种类繁多、性质不一，这些污染物通过迁移、转化和相互作用，并经生物体的富集和代谢过程产生危害。这些复杂的作用和过程使得识别具体危害原因极为困难。而且，生态损害的相关证据也极易随着时间的推移灭失。因此，生态损害鉴定评估一旦滞后，既很难反映真实情况，也难以成为诉讼中有效的证据。而实践中，生态损害发生之后，由于缺乏法律明确规定的鉴定机构和鉴定程序，鉴定评估时常滞后。事后进行的鉴定评估，其真实性和科学性经常受到质疑。

针对我国环境损害评估鉴定存在的问题，需从机构建设与规则制定和赔偿程序优化两方面协同推进改革。

三、构建林业碳汇生态功能损害司法鉴定评估

(一)构建林业损害司法鉴定评估的必要性

强化林业执法措施、严格森林资源保护管理、严惩非法砍伐和滥用林地等违法行为，以及完善林业法律监管体系，增强执法监督队伍的素质和能力，对保障和促进林业发展至关重要。目前，处理林业案件时，执法或

司法部门通常委托当地临时聘用的林业技术人员进行技术鉴定。由于这些人员缺乏专业培训，且所属单位未获资质认证，常使鉴定结果缺乏权威性，同时影响执法效率。另一方面，由于林业技术人员在群众需求支持时响应不及时或解决问题不力，导致农民对林业执法的信任产生差异和不满（邓勇，2012）。2005 年 2 月，全国人大常委会通过的《关于司法鉴定管理问题的决定》，对鉴定人和鉴定机构的管理进行了规范，这是一项推动司法鉴定工作规范化发展的重大改革，旨在实现司法公正。该决定既明确了鉴定人和机构的资格要求和负责制，也禁止非司法部门设立的鉴定机构从事面向社会的司法鉴定业务，这表明成立独立的林业司法鉴定机构已成必要。

第一，成立林业司法鉴定机构不仅是响应司法体制改革的需求，更可弥补目前缺乏专业林业案件技术鉴定机构的空白，增强林业执法的公正性，推动法治林业发展。

第二，林业司法鉴定人员的核心素质包括吃苦耐劳、认真负责和实事求是。统一培训和认证将筛选出高水平和良好道德风范的人员，确保鉴定人员持证上岗。此外，还应实行职责明确的管理体系，从而提升林业司法鉴定工作的专业性和效率，并增强工作人员自豪感和积极性。

第三，专业林业碳汇生态功能司法鉴定机构的建立，能够聚焦林业案件中的技术性难题，推动司法鉴定流程标准化、行业自律规范化和管理体系专业化。国家通过政策扶持此类机构建设，可有效整合资源、减少重复投入，同时依托专业平台提升技术能力和鉴定质量。这一举措不仅有利于案件准确定性与高效立案，还能通过信息公开和程序透明增强公众对司法鉴定结果的监督信任。

（二）林业碳汇生态功能损害司法鉴定评估组织

我国从事司法鉴定的实体包括鉴定机构和鉴定人员。现行的相关法律并未对除医学鉴定和精神病鉴定外的其他案件的鉴定机构作出明确规定。根据法律、法规及司法实践，目前我国的主要鉴定机构包括司法系统内部如法院、检察院、公安机关的鉴定部门，以及社会上从事司法鉴定的各行业机构。然而，专门从事林业司法鉴定的机构几乎不存在，林业相关的鉴定活动主要由动植物检疫、种子管理等相关机构承担。关于司法鉴定人员资格的规定，除《精神疾病司法鉴定暂行规定》外，其他方面尚未有明确要求。这些情况与我国历史背景和具体国情相关。但随着经济和法治建设的发展，司法诉讼制度的改革，预计不久的将来我国会建立司法鉴定人员资格认证制度。

在林业案件的司法技术鉴定中，通常需要野外现场勘查和测定，以确保鉴定结果的客观和公正性，而这需要专业知识和先进技术支撑。在缺乏专门林业司法鉴定机构，但对林业司法鉴定又有需求的现状下，林业调查部门、高等院校、科研机构和有关林业鉴定、检测、评估机构，以及具备林业专业知识的工作者，都可以依据各自专业优势承接林业司法鉴定工作。

(三) 林业碳汇生态功能损害司法鉴定评估范围

林业碳汇生态功能损害司法鉴定评估应当包括：

第一，确定林业碳汇生态功能损害的发生及其严重程度。2017 年 12 月，中共中央办公厅、国务院办公厅印发的《生态环境损害赔偿制度改革方案》指出："本方案所称生态环境损害，是指因污染环境、破坏生态造成大气、地表水、地下水、土壤、森林等环境要素和植物、动物、微生物等生物要素的不利改变，以及上述要素构成的生态系统功能退化。"这种退化直接表现为碳汇生态功能完整性的丧失及由此产生的环境利益受损。损害程度的判定标准需满足以下条件之一：功能退化或组成部分功能发生显著不利改变；损害达到不可逆恶化程度 (竺效，2008)。

第二，明确因果关系和可归责的责任主体。对于可能出现的"多因一果"和"单因多果"的林业碳汇生态功能损害情形，深入分析各种因果关系。同时，对于同一评估对象由不同政府部门提出的多种损害评估技术方法，如何进行纲领性统筹和在具体案件中选择适用的方法，需要进一步明确。

第三，制定林业碳汇生态功能损害恢复方案。包括开展修复林地、更新劣质林、重新绿化、提升低质林林相、恢复受损山体、保护与修复湿地、防治林业有害生物、防控森林火灾以及打击非法行为等一系列行动。

第四，量化生态环境损失。

(1)林木(地)资源司法鉴定评估：森林(林木)种类、面积(数量)、年龄、蓄积量及材积鉴定；林地权属、地界勘定鉴定；乱砍滥伐(盗伐)林木损失鉴定；征占用或破坏林地面积及损失(毁坏程度)鉴定；营造林工程面积、质量鉴定。

(2)森林灾害司法鉴定评估：森林火灾面积、焚毁林木(林地)所造成的经济损失鉴定；森林火灾火险等级鉴定；火灾现场、引燃物及起火点鉴定；林业有害生物种类、数量和损害面积，以及所造成的经济损失鉴定。

(3)林业碳汇生态功能质量司法鉴定：林业碳汇生态功能(包括自然保护区、湿地)质量及功能价值鉴定；森林土壤、空气及水源质量鉴定；林业碳汇生态功能污染及其影响鉴定。

(四)林业碳汇生态功能损害司法鉴定评估工作程序

环境保护部于2014年10月发布的《环境损害鉴定评估推荐方法(第Ⅱ版)》，为环境司法、执法和管理活动提供了科学依据。然而，在具体操作层面仍然缺少必要的规程。因此，在林业领域，我们应当参照林业碳汇生态功能损害赔偿制度的设计，配合生态损害调查、评估、修复方案制订和实施过程，制订适用于林业碳汇生态功能损害的评估工作规程。所有这些进程在很大程度上依赖于技术专家的参与和支持。专业技术人员不仅可以利用所掌握的知识和技术参与评估方法和规则的制订，在具体案件中也拥有不可比拟的优势。林业司法鉴定的程序通常与其他司法鉴定程序一致，但在具体的鉴定过程中使用的方法比较独特，林业案件发生后，诉讼主体(司法部门或当事人)可以针对案件主要证据内容委托鉴定。被委托的机构或个人需根据专业特长和技术水平决定是否接受委托，若接受委托则签署鉴定委托合同书，明确鉴定范围和内容。委托方应向受委托方提供相关的材料。受托方需制定详细的鉴定方案，包括人员安排、技术方案、时间安排等。方案确定后，要组织实施，包括现场勘查、收集档案资料、调查走访、甄别查验材料、数据整理分析等，这是整个过程中最关键的环节。鉴定结束后制作鉴定文书，鉴定文书应包含案情简述、委托细节、鉴定过程、技术手段、证据认证、基准期确定、鉴定结论等，是否需要数表和图件取决于项目需要。附件应包括委托书和关键文件等。最后，鉴定材料归档。档案保存时间应根据案件的严重性和复杂性而定。尽管司法鉴定制度不完善，鉴定机构或人员没有出庭义务，但作为证人或专业人士，应出庭提供证据。对于非由法院审理的林业碳汇生态功能损害案件，鉴定人员应配合案件处理部门，解释说明相关的专业问题。

参考文献

陈孟伟，2021. 生态文明视角下森林碳汇立法焦点问题研究［D］. 北京：中国地质大学.

陈蔚岚，陈小琴，2023. 林业碳汇产权质押：融资模式、法律障碍与解决路径［J］. 中国林业经济（6）：118-123.

陈英，2011. 林业碳汇交易法律制度研究［D］. 重庆：西南政法大学.

陈英，2012. 关于林业碳汇项目实施的法律思考［N］. 法制日报，01-11.

陈英，2020. 可持续发展视域下新型林权利益冲突及法律对策［J］. 环境保护，48（10）：50-54.

陈英，2020. 林权改革视域下林业碳汇供给增益者权利的法律确认研究［J］. 中国政法大学学报（3）：73-81，207.

陈颖，2022. 首笔"林业碳汇贷"落地我市［N］. 湖州日报，01-14（4）.

邓勇，2012. 对刑事诉讼中林业司法鉴定问题的思考［J］. 贵州林业科技，40（1）：56-60.

丁丽媛，王艳华，王克，2023. 碳排放权交易的减污降碳协同效应及影响机制［J］. 气候变化研究进展，19（6）：786-798.

窦晶鑫，2019. 农业环境损害鉴定评估制度：美欧经验及启示［J］. 农业农村部管理干部学院学报（1）：24-27.

付均，谷建龙，冯欣，2018. 以林业碳汇交易助推生态文明排头兵建设的初步构想［J］. 农村实用技术（7）：58-59.

高沁怡，金婷，顾光同，等，2019. 林业碳汇项目类型及开发策略分析［J］. 世界林业研究，32（6）：97-102.

郭会玲，蒋敬，2011. 刑事案件涉案森林资源司法鉴定探析［J］. 中国司法鉴定（4）：76-79.

郭雪艳，杨旭，谷晓若，等，2020. 中国环境损害司法鉴定体制形成与发展[J].
　法医学杂志，36(4)：437-444.

洪倩倩，2017. 论林业碳汇交易的法律问题[D]. 上海：华东政法大学.

胡继平，王伟，2009. 论我国森林保险制度建立的重要性和必要性[J]. 林业资
　源管理(2)：12-16.

胡延杰，2021. 森林碳汇对于造纸行业实现碳中和的作用[J]. 造纸信息(7)：
　13-16.

黄从红，张志永，张文娟，等，2012. 国外森林地上部分碳汇遥感监测方法综述
　[J]. 世界林业研究，25(6)：20-26.

贾成业，何东博，郭建林，等，2020. 全球能源转型与国际油公司转型[C]//中国
　石油学会天然气专业委员会. 第32届全国天然气学术年会(2020)论文集：12.

贾朋群，张定媛，田晓阳，2019. WMO首次在联合国安理会上阐述气候变化威胁
　事件分析[J]. 气象科技进展，9(4)：48-53.

姜涛，2019. 发展权的国内法属性及制度保障选择[J]. 法治现代化研究，3(2)：
　86-104.

蒋亚娟，2015. 中美生态损害赔偿制度之比较[J]. 暨南学报(哲学社会科学版)，
　37(3)：68-74.

李怒云，2007. 中国林业碳汇[M]. 北京：中国林业出版社.

林禹岐，吴昂，2023. 认购林业碳汇司法适用的实践检视与制度完善[J]. 中国
　人口·资源与环境，33(12)：71-82.

刘超，2022. "双碳"目标下"认购碳汇"司法适用的规范路径[J]. 中国地质大学
　学报(社会科学版)，22(5)：18-31.

刘超，2022. 环境法典污染控制编空间法律制度的构建[J]. 法学论坛，37(2)：
　17-26.

刘珉，胡鞍钢，2022. 中国打造世界最大林业碳汇市场(2020—2060年)[J]. 新
　疆师范大学学报(哲学社会科学版)，43(4)：89-103+2.

刘涛，2013. 我国林权流转问题研究[D]. 长春：东北师范大学.

刘长兴，2010. 环境损害赔偿法的基本概念和框架[J]. 中国地质大学学报(社会
　科学版)，10(3)：75-80.

卢瑶，2018. 马克思主义公共产品理论视域下的生态环境损害赔偿研究[D]. 武

汉：华中科技大学.

陆霁，2014. 国内外林业碳汇产权比较研究[J]. 林业经济，36(2)：43-47.

吕忠梅，2016. 环境司法理性不能止于"天价"赔偿：泰州环境公益诉讼案评析
  [J]. 中国法学(3)：244-264.

马雯雯，赵晟骜，2020. 金融服务林业碳汇发展及问题研究[J]. 西南金融(6)：
  46-55.

秦涛，杜亚婷，陈奕，等，2023. 林业碳汇质押贷款融资模式比较、现实困境与
  突破方向[J]. 农业经济问题(1)：120-130.

秦天宝，王亚琪，2023. 购买碳汇修复生态责任承担方式的司法适用[J]. 法律
  适用(1)：106-117.

盛婉玉，2007. 基于物权理论的森林资源产权制度研究[D]. 哈尔滨：东北林业
  大学.

帅政，2022. 我区首单林业碳汇预期收益权质押贷款成功签约[N]. 内蒙古日报
  (汉)，06-16(2).

孙添，2019. 完善我国林业碳汇交易法律制度[D]. 厦门：厦门大学.

孙佑海，张净雪，2022. 生态环境损害惩罚性赔偿的证成与适用[J]. 中国政法
  大学学报，(1)：26-37.

谭静婧，2011. 我国森林碳汇资源所有权制度初探[D]. 北京：中国政法大学.

唐玉凤，周伟，2021. 广东省林业碳普惠交易现状与对策建议[J]. 广东农业科
  学，48(6)：136-144.

陶文娟，2018. 我国林业碳汇交易市场法律规制研究[D]. 贵州：贵州大学.

田明华，陈建成，高秋杰，等，2010. 浅谈低碳经济发展对林业的影响[J]. 林
  业经济(2)：76-78.

王爱霞，2012. 森林碳汇法律制度研究[D]. 石家庄：石家庄经济学院.

王国胜，2021. 地球的"空调"——森林[J]. 地球(4)：6-11.

王金南，刘倩，齐霁，等，2016. 加快建立生态环境损害赔偿制度体系[J]. 环
  境保护，44(2)：26-29.

王璐，陈晓倩，黄鑫，2012. REDD+机制相关经济政策研究[J]. 中国林业经济
  (6)：43-45，53.

王曦，2016. 论环境公益诉讼制度的立法顺序[J]. 清华法学，10(6)：101-114.

王兴利，吴晓晨，王晨野，2019. 生态环境损害赔偿制度改革难点与对策分析[J]. 环境与可持续发展，44(5)：114-116.

韦超前，周鑫，李云，2022. 基于LFA-SA-FCE组合模型的替代性修复成效评估研究[J]. 环境与可持续发展，47(4)：76-80.

翁友恒，王念奎，2010. 森林生态系统碳循环研究进展[J]. 林业勘察设计(1)：43-46.

吴倩，2018. 生态损害赔偿制度研究[D]. 济南：山东财经大学.

向家莹，2021. 碳排放权交易管理暂行条例草案公开征求意见[N]. 经济参考报，03-31(2).

肖康康，2019. 环境民事公益诉讼诉前程序之反思与重构：基于学理和实践的视角[J]. 洛阳理工学院学报(社会科学版)，34(5)：41-49.

徐军，李方玲，2021. 生态环境修复责任在刑事附带环境民事公益诉讼中的司法适用研究：以397份裁判文书为样本[J]. 四川环境，40(4)：238-243.

颜士鹏，邹丽梅，2014. 基于森林碳汇的碳排放权交易法律制度之建构[J]. 郑州大学学报(哲学社会科学版)，47(1)：48-51.

尹珊珊，2015. 论我国环境损害赔偿法定范围的拓展[J]. 生态经济，31(6)：171-174.

喻胜云，2007. 林权流转的法律属性分析[J]. 安徽农业科学(32)：10481-10482.

张宝，殷佳伟，2022. 替代性修复责任司法适用的反思与调适[J]. 南京工业大学学报(社会科学版)，21(4)：49-59.

张冬梅，2011. 物权法视野下的林权研究[D]. 福州：福建师范大学.

张辉，2022. 我省林业碳汇损失补偿将有计量标准[N]. 福建日报，08-09(5).

赵梦晓，2017. 我国环境损害鉴定评估制度研究[D]. 武汉：武汉大学.

赵爽，窦琳，2019. 林业碳汇权质押融资法律问题研究[J]. 华北电力大学学报(社会科学版)(4)：18-25.

赵亚骎，王化雨，2011. 林业碳汇产权归属浅析[J]. 价值工程，30(19)：293-295.

郑芊卉，2019. 我国林业碳汇项目开发交易政策与实践研究[D]. 南京：南京林业大学.

中国人民银行长春中心支行课题组，2022. 碳汇交易平台建设的经验借鉴和启示[J]. 吉林金融研究(12)：8-11.